Mory SANOU

L'EGLISE, L'EPOUSE FIDELEDE JESUS-CHRIST

AF209936

Mory SANOU

L'EGLISE, L'EPOUSE
FIDELEDE JESUS-CHRIST

Éditions Croix du Salut

Imprint
Any brand names and product names mentioned in this book are subject to trademark, brand or patent protection and are trademarks or registered trademarks of their respective holders. The use of brand names, product names, common names, trade names, product descriptions etc. even without a particular marking in this work is in no way to be construed to mean that such names may be regarded as unrestricted in respect of trademark and brand protection legislation and could thus be used by anyone.

Cover image: www.ingimage.com

Publisher:
Éditions Croix du Salut
is a trademark of
Dodo Books Indian Ocean Ltd. and OmniScriptum S.R.L publishing group

120 High Road, East Finchley, London, N2 9ED, United Kingdom
Str. Armeneasca 28/1, office 1, Chisinau MD-2012, Republic of Moldova, Europe
Managing Directors: Ieva Konstantinova, Victoria Ursu
info@omniscriptum.com

Printed at: see last page
ISBN: 978-620-6-17130-0

CHAPITRE1   L'EGLISE : L'EPOUSE   FIDELE

I. L'HOMME NOUVEAU
Genèse 1 : 1 à 3

« *Au commencement, Dieu créa les cieux et la terre. La terre était informe et vide ; il y avait des ténèbres à la surface de l'abîme, et l'esprit de Dieu se mouvait au-dessus des eaux. Dieu dit : Que la lumière soit ! Et la lumière fut.* »

La première action de Dieu dans la création est la PAROLE. Dieu dit : « *Que la lumière soit et la lumière fut* »

La Bible nous dit que : « *Car la parole de Dieu est vivante et efficace, plus tranchante qu'une épée quelconque à deux tranchants, pénétrante jusqu'à partager âme et esprit, jointures et moelles ; elle juge les sentiments et les pensées du cœur.* »

JESUS CHRIST est appelé dans la bible (*1corinthiens 15 : 45 a 47*) le dernier Adam. Nous pouvons donc affirmer sans risque de nous tromper que Dieu a commencé une nouvelle création à partir de Jésus Christ : Le Royaume de Dieu. *Romain 5 : 14* nous dit qu'Adam était la figure de Jésus-Christ. Cette nouvelle création c'est L'EGLISE, L'EPOUSE FIDELE, que le Seigneur revient chercher bientôt. Cette église est fondée sur la PAROLE de Dieu tout comme la première création l'a été. Mais qu'est ce qui fait la différence entre la première église qui a échoué et la deuxième : l'épouse fidèle qui sera enlevée, obtenant ainsi le succès ?

C'est le chef de chacune des églises qui l'a faite, par la manière dont il a maintenu l'unité exprimée dans le livre de *Jean1: 1* « *Au commencement était la parole, et la parole était avec Dieu, et la parole était Dieu.* » Quand le péché est entré dans la première église, cette unité n'était pas entre Adam et Eve ; pourtant, la bible dit : « *elle prit de son fruit et en mangea ; elle en donna aussi à son mari, qui était auprès d'elle, et il en mangea.* »

Vous pensez qu'Adam aimait tellement sa femme, qu'il était prêt à être chassé du jardin à cause d'elle ? Je ne le pense pas. Je pense plutôt que s'il avait eu le choix, il aurait refusé de manger le fruit et aurait laissé la femme seule avec son péché. Car tous ceux dont le témoignage nous est donné dans les écritures et qui ont eu la grâce d'entrer dans la gloire de Dieu, ils ont, tous sans exception, oublié ce qui leur était cher pour vouloir rester dans cette présence GLORIEUSE. *Rom 5 : 12* « *C'est pourquoi, comme par un seul homme le péché est entré dans le monde...* » *1cort15 :*

21 « *Car, puisque la mort est venue par un homme...* » Ces passages situent clairement la responsabilité de l'homme, le chef.

Pourquoi Adam a-t-il mangé le fruit ? Simplement parce qu'il a failli à son devoir de chef ayant la responsabilité de maintenir l'unité. Alors, il a mangé le fruit sans se rendre compte. La bible dit : « *...et il en mangea.*» IL n'a fait aucune observation à Eve. Quand Dieu est venu qu'est-ce qu'Adam a fait ? Il a accusé la femme et Dieu lui-même. Le chef a toujoursla responsabilité de veiller sur celui dont il a la charge. Qui est le chef d'une assemblée, ou une église locale ? Naturellement, c'est le pasteur, tout comme le mari est celui de son foyer. Il est vrai que ces personnes ont une grande responsabilité en tant que pasteur et mari ; mais le chef dont il est question ici c'est celui qui a le cœur tout entier à Dieu et qui a le souci de maintenir l'unité de l'esprit : c'est l'ELUE, l'Epouse Fidèle. Il peut être l'homme ou la femme, le jeune homme ou la jeune fille, le pasteur ou un fidèle. Nous avons des exemples dans la bible : le jeune David, la femme de Boaz, Ruth, le Seigneur Jésus- Christ lui-même.

Revenons donc à Adam. Pourquoi a-t-il failli et où a-t-il failli ? Lisons *Genèse2 : 22 à 24* la bible dit au verset 23 de ce passage : « *Et l'homme dit : voici cette fois celle qui est os de mes os et chair de ma chair ! On l'appellera femme parce qu'elle a été prise de l'homme.* » Qu'est-ce que l'homme venait de faire ici ? Il a fait comme Dieu au commencement ; il a établi l'unité par la parole : la lumière. Dieu est un avec la création c'est pourquoi il est dit que toute la création soupire en attendant la révélation des fils de Dieu. L'homme, en parlant à la femme et en la nommant, est entré en communion avec elle. Le verset 24 de genèse 2 nous le confirme : « *C'est pourquoi l'homme quittera son père et sa mère et s'attachera à sa femme, et ils deviendront une seule chair.* » C'est Dieu lui-même qui parle ici, juste après que l'homme ait parlé à la femme ; Ceci nous est confirmé dans *Mathieu 19 : 4 à 5* : « *Il répondit : n'avez-vous pas lu que le créateur, au commencement, fit l'homme et la femme et qu'il dit : C'est pourquoi l'homme quittera son père et sa mère, et s'attachera à sa femme, et ils deviendront une seule chair.* »

Voici l'importance de la parole. Elle met la lumière, elle établit l'unité ; et la lumière se sépare des ténèbres ainsi que le jour de la nuit. Chaque fois que nous parlons, ce phénomène se produit : l'unité s'établit et les ténèbres se séparent de la lumière. Maintenant, il est donc important de savoir quand est ce qu'il y a nécessité de parler. Dieu l'a fait pour la première fois au commencement et il y a un lien entre chacune de ses paroles jusqu'à ce qu'il termine la création. Il en est ainsi de nos jours et ce jusqu'à l'éternité.

Adam n'a pas su discerner le moment, le temps où il fallait parler à Eve, ce qui allait permettre d'éviter la chute : LE PECHE. IL est certain qu'Adam était occupé à cultiver le jardin (la culture), mission que lui avait confié Dieu. Il était tellement occupé dans la culture qu'il n'a pas discerné le PECHE qui frappait à la porte : Eve. Adam a oublié l'important : l'homme, la brebis. La chose importante pour Adam était de toujours veiller à l'unité de l'esprit tout en cultivant. La bible nous recommande de veiller les uns sur les autres. Le service, l'œuvre n'est pas le plus important ; l'homme à l'image de Dieu voilà ce qui compte pour l'Eternel. L'élu de Dieu doit veiller et discerner le temps pour parler.

Tout doit partir d'en haut, de celui qui est responsable. Cependant il peut arriver, ce qui s'est passé avec Adam au moment de la chute et le péché entre dans l'assemblée de l'église locale, dans le foyer. Alors, la parole viendra pour créer la lumière. Celui qui est en haut doit connaître parfaitement celui qui est en bas et se faire connaître. C'est ainsi que la lumière vient, quand on s'ouvre à l'autre en se révélant à lui. *(Jean 1: 1 à 4 et Jean 15: 15)*

On ne s'ouvre pas à n'importe qui ; on choisit la personne avec discernement, alors commence le processus d'ouverture, de révélation, avec amour, franchise et de façon progressive. Ce travail doit se faire à la chaîne de manière à former un cercle qui s'élargit progressivement.
Prenons l'exemple pratique suivant : Paul s'ouvre à Pierre et Pierre s'ouvre à Jacques puis, les trois s'ouvrent les uns aux autres.
Hébreux 12 : 15 « Veillez à ce que nul ne se prive de la grâce de Dieu ; à ce qu'aucune racine d'amertume, poussant des rejetons ne produise du trouble et que plusieurs n'en soient infectés. » Voyez ! Le péché entre dans le noyau et infecte plusieurs. Heureusement la parole ne dit pas que tous sont infectés. Ceux qui ne sont pas infectés doivent s'ouvrir les uns aux autres pour extirper le péché du milieu de l'assemblée.

Continuons notre exemple, chacun des trois (Pierre, Jacques et Paul) va s'ouvrir à son tour à une autrepersonne ainsi le cercle va en grandissant. Le noyau de base doit être solidaire même si à un moment donné il y a un qui dérape. Il peut s'agir de n'importe lequel des trois. Alors l'élu doit tout faire pour le récupérer, s'humilier s'il le faut dans le jeûne et la prière, car l'ennemi est fort mais le Seigneur Jésus-Christ est plus fort : TOUT-PUISSANT. L'EGLISE DE JESUS-CHRIST est fondée sur ce principe de l'unité : DIEU LE PERE, DIEU LE SAUVEUR (Jésus Christ) et DIEU LE SAINT ESPRIT.

Toute église locale, tout foyer chrétien doit se fonder sur cette base. Le choix de la première personne (du conjoint) à qui s'ouvrir doit se faire sur la base de la prière: *Luc 6: 12 à 16* nous montre que le Seigneur Jésus à fait ainsi. Cependant parmi les disciples choisis la bible dit que Judas Iscariote devint traître. La bible dit aussi qu'il y a des faux frères. Beaucoup d'églises locales sont dans le trouble parce que ce principe n'est pas respecté. Il manque le noyau en haut ou bien le noyau est là mais l'ouverture n'est pas franche. Alors, il y a un voile quelque part. Il faut qu'il soit déchiré à la croit, ce qui est synonyme de douleurs de souffrances et meurtrissures pour l'élu. Lisons dans *Mathieu 27:45 à 55.*

Le péché était à son comble ce jour-là, plongeant toute la terre dans les ténèbres pendant trois heures et Jésus Christ était sur la croix. *Hébreux 5 : 7 à 10* dit que *« C'est lui qui dans les jours de sa chair, ayant présenté avec de grands cris et avec larmes, des prières et des supplications à celui qui pouvait le sauver de la mort, et ayant été exaucé à cause de sa piété a appris, bien qu'il soit fils, l'obéissance par les choses qu'il a souffertes, et qui après avoir été élevé à la perfection, est devenu pour tous ceux qui lui obéissent l'auteur d'un salut éternel, Dieu l'ayant déclaré souverain sacrificateur selon l'ordre de Melchisédech. »*

Revenons dans *Mathieu 27 aux versets 50 à 52.* Le voile s'est déchiré du haut vers le bas (tout part d'enhaut), provoquant des prodiges, des miracles : *« la terre trembla, les rochers se fendirent... »* Quand le voile se déchire rien, ne peut résister : aucune doctrine, aucun cœur endurci ; même les soldats (verset 54) ont reconnu le Fils de Dieu.

La vie revient, au verset 52 il est dit : *« les sépulcres s'ouvrirent et plusieurs corps des saints qui étaient morts ressuscitèrent. »* Je pense que tous les sépulcres se sont ouverts mais seuls les corps des saints qui étaient morts ressuscitèrent. Seuls ceux qui cherchent réellement Dieu de tout leur cœur seront rendus à la vie chaque fois que le voile sera déchiré à la croix. Le verset 53 dit : *« étant sortis des sépulcres après la résurrection de Jésus, ils entrèrent dans la ville sainte, et apparurent à un grand nombre de personnes. »* Ils ne sont pas entrés immédiatement dans la ville sainte comme on peut le penser. C'est en réalité trois jours après qu'ils y sont entrés, puisque Jésus est ressuscité après trois jours. Ils ont attendu un temps, Ecclésiaste 8 : 6 dit qu'il y a un temps pour toute chose. Il est donc important pour nous de discerner le temps et d'agir.

Adam n'a pas discerné le temps où le péché frappait à la porte : Eve. Il n'a pas veillé. Il est important deveiller les uns sur les autres ; c'est en cela que tous connaîtront que nous sommes de Dieu ; si nous nous aimons les uns les autres comme Jésus Christ nous le recommandent dans Jean15 : 12 - 17. Ici Jésus démontre encore l'importance de l'unité. Il est devenu un avec les disciples en leur faisant connaître TOUT ce qu'il a lui-même appris du père. Le noyau de toute œuvre divine (tout foyer chrétien) doit s'efforcer de maintenir et conserver l'unité de l'esprit. C'est alors qu'il pourra porter du fruit qui demeure. C'est le but pour lequel Jésus nous a établis. Voici l'église qui sera enlevée ; celle la même, née du noyau des premiers disciples, s'est divisée en petits groupes dans la ville de Jérusalem, puis elle s'est étendue à d'autres villes, pays pour arriver jusqu'à nous, conservant le lien de l'esprit au milieu d'une multitude d'appelés.

Le premier responsable pour que le voile se déchire c'est la tête, le chef. Jésus Christ, chef de l'église : l'épouse fidèle a fait sa part selon ce que nous dit l'évangile de Mathieu au chapitre 27. Dans nos assemblées, dans nos familles, cette responsabilité revient au pasteur, au mari.
Cependant il est bon de se rappeler que le chef dont il est question ici, c'est l'homme ou la femme, le jeune homme ou la jeune fille ; car Dieu ne fait acception de personne. Le chefc'est donc celui qui a en permanence le souci de l'unité de l'esprit.

Dieu ne manquera pas de placer de telles personnes dans nos assemblées, si elles ont été fondées réellement par Dieu. Y a-t-il des assemblées qui ne sont pas fondées par Dieu. Actes 16 : 6 dit *« ayant été empêchés par le Saint Esprit d'annoncer la parole en Asie, ils traversèrent la Phrygie et le pays de Galatie. »* Le temps de Dieu n'était pas venu pour l'Asie. Cependant l'ennemi étant très rusé peut conduire ces personnes à agir avant le temps de Dieu ; ou bien le pasteur est tellement occupé par l'œuvre qu'il n'a pas le temps de les recevoir. Dans ce cas il peut y avoir trois réactions :
1 - On rejette la personne.
2 - Elle part d'elle-même.
3 - La personne se résigne et elle reste dans l'assemblée mais elle murmure toujours.

Cependant si les cœurs des deux parties sont sincères et honnêtes devant Dieu, la bible dit dans le livre de *Malachie 4 : 5-6* « *je vous enverrai Elie le prophète, avant que le jour de l'Eternel arrive, ce jour grand et redoutable, il ramènera le cœur des pères a leurs enfants, et le cœur des enfants à leurs pères, de peur que je ne vienne frapper le pays d'interdit.* » Le pays sera frappé d'interdit si les cœurs ne sont pas honnêtes et sincères devant Dieu.

Le chef doit veiller sur le troupeau, laisser les 99 brebis pour aller chercher celle qui est perdue. IL doit également écouter et ne pas rejeter les avertissements par orgueil mais s'en remettre à Dieu comme Moise qui voyait Dieu et lui parlait bouche à bouche. Chaque fois que quelqu'un entrait en contestation avec Moise, Moise tombait face contre terre et l'Eternel tranchait.

C'est pourquoi Dieu en tant que chef de l'église n'a pas lâché l'homme, créé à son image, après le jardin d'Eden. Il l'a cherché progressivement en se choisissant une lignée d'homme de la genèse à l'Apocalypse en passant par la croix qui est le CENTRE du cercle divin = *LE SACRIFICE. DIEU LUI MEME S'EST FAIT SACRIFICE DANS LA PERSONNE DE JESUS CHRIST.*

C'est ce ministère que Jésus nous a laissé : réconcilier les hommes avec Dieu et les uns avec les autres.

Que le Seigneur anime chacun de nous de l'esprit de sacrifice ! Amen.

II. L'HABITATION DE DIEU EN ESPRIT

Le désir et la volonté de Dieu le créateur des cieux et de la terre est d'habiter dans chaque être humain. Ainsi Il est lui-même la bénédiction de l'homme. **Jean 3 :16** « Car Dieu a tant aimé le monde qu'il a donné son Fils unique, afin que quiconque croit en lui ne périsse point, mais qu'il ait la vie éternelle. »
Jésus-Christ est venu sur la terre pour sauver l'âme de l'homme. Afin de le rassurer sur ce fait il a opéré des miracles (bénédictions) en faveur de la chair de l'homme. Les miracles et les bénédictions sont donc les effets secondaires du salut de l'âme. Ce qui veut dire que :
1. Tout homme doit d'abord s'assurer qu'il a reçu le salut de son âme avant de s'attendre aux miracles et bénédictions.

2. Tout message venant de Dieu le Père de Jésus-Christ vise premièrement le salut de l'âme de l'homme avec pour effet secondaire les miracles et bénédictions matérielles. Satan qui veut

se faire passer pour Dieu et se faire adorer comme tel s'évertue, depuis le jardin d'Eden, à donner aux hommes des messages comme venant de Dieu. Pour cela il passe par des hommes dont certains sont des fondateurs de religion et d'autres des « hommes de Dieu » ayant des maisons de prière et ou autres lieux de consultation.

Tout message que vous recevez qui ne met pas en priorité le salut de votre âme vient du Diable quel que soit sa profondeur, son humanisme etc.

Si vous êtes auteur de messages religieux tendant à tourner les hommes vers un dieu que vous ne connaissez pas personnellement, sachez que vous travaillez pour satan consciemment ou inconsciemment.

Voici l'éclairage : c'est par la foi que nous sommes sauvés **Ephésiens 2:8** «Car c'est par la grâce que vous êtes sauvés, par le moyen de la foi. Et cela ne vient pas de vous, c'est le don de Dieu.»

Cette foi est fondée sur la parole véritable de Dieu **Romains 10:17** « Ainsi la foi vient de ce qu'on entend, et ce qu'on entend vient de la parole de Christ. »

Cette foi a pour but la **Présence de Dieu dans l'homme** sur le Modèle de Jésus-Christ : le chef et le consommateur de la foi **Hébreux 12:2** « ayant les regards sur **Jésus, le chef et le consommateur de la foi**, qui, en vue de la joie qui lui était réservée, a souffert la croix, méprisé l'ignominie, et s'est assis à la droite du trône de Dieu. »

En effet la Bible nous dit dans **2 corinthiens 5 : 19** « Car **Dieu était en Christ**, réconciliant le monde avec lui-même, en n'imputant point aux hommes leurs offenses, et **il a mis en nous la parole de la réconciliation**. »

L'homme vit par la foi c'est-à-dire par la confiance placée dans une parole (exprimée ou pensée). Ceci veut clairement dire que tous les hommes sans exception vivent par la foi, c'est un fait vérifiable à chaque instant.

Mais la Bible nous dit dans **Romains 10 : 17** « Ainsi la foi vient de ce qu'on entend, et ce qu'on entend vient de la parole de Christ. » Nous devons comprendre ici deux choses:

1. Il y a une seule et véritable foi, c'est celle qui vient de la parole de Christ : elle donne la vie éternelle à l'homme ;

2. Toute autre foi peut donner une vie éphémère mais ne peut pas donner la vie éternelle.

Pourquoi la Bible nous parle-t-elle de la parole de Christ au lieu de directement la parole de Dieu ? Parce que l'homme Jésus est le

Christ la parole de Dieu faite chair : **Jean 1 : 14.** Ensuite parce que Dieu dans sa volonté souveraine a fait de JésusChrist le chemin (parole : prière) par lequel tous les hommes sans exception doivent accéder à Lui, selon la promesse qu'Il a faite dès le commencement **Genèse 3 : 14 à 15** ; confirmé dans l'ancienne alliance **Deutéronome 18 : 15 à 19** ; puis concrétisée dans la nouvelle alliance **Actes 2 :36** et **Actes 4 : 12.** Quiconque aura entendu la parole de Christ sans la prendre en considération, ne pourra voir Dieu, car refuser cette parole c'est refuser la vie éternelle. **1 Jean 5:12** « **Celui qui a le Fils a la vie ; celui qui n'a pas le Fils de Dieu n'a pas la vie.** »

La parole de Christ nous annonce la bonne nouvelle de l'évangile qui est la présence de Dieu dans l'homme : **Jean 3 :16** « Car Dieu a tant aimé le monde qu'il a donné son Fils unique, afin que quiconque croit en lui ne périsse point, mais qu'il ait la vie éternelle. » C'est volontairement que chacun doit recevoir la parole de Christ qui le fera naitre spirituellement comme enfant de Dieu : **Jean 1 : 12 à 13** « Mais à tous ceux qui l'ont reçue, à ceux qui croient en son nom, **elle a donné le pouvoir de devenir enfants de Dieu, lesquels sont nés**, non du sang, ni de la volonté de la chair, ni de la volonté de l'homme, mais **de Dieu.** »

Recevoir la parole de Christ c'est mourir à soi et naitre de nouveau en Christ ; cela implique le renoncement à toute autre parole, si l'on cherche la vie éternelle qui, a en elle le pouvoir de restaurer toute autre vie. C'est pourquoi :

1. Jésus-Christ a commencé son ministère par ces paroles : **Mathieu 4 : 17** « Dès ce moment Jésus commença à prêcher, et à dire : Repentez-vous, car le royaume des cieux est proche. » Ses disciples aussi ont commencé l'annonce de la bonne nouvelle par les mêmes paroles : **Actes 2 :38** « Pierre leur dit : Repentez-vous, et que chacun de vous soit baptisé au nom de Jésus-Christ, pour le pardon de vos péchés ; et vous recevrez le don du Saint-Esprit. » **Actes 3:19** « Repentez-vous donc et convertissez-vous, pour que vos péchés soient effacés, »

2. Les miracles accompagnaient son ministère et aussi celui de ses disciples : **Actes 2:22** « Hommes Israélites, écoutez ces paroles ! Jésus de Nazareth, cet homme à qui Dieu a rendu témoignage devant vous par les miracles, les prodiges et les signes qu'il a opérés par lui au milieu de vous, comme vous le savez vous-mêmes ; » **Marc 16 :17 à 20** « Voici les miracles qui accompagneront ceux qui auront cru : en mon nom, ils chasseront les démons ; ils parleront de nouvelles langues ; ils saisiront des serpents ; s'ils

boivent quelque breuvage mortel, il ne leur fera point de mal ; ils imposeront les mains aux malades, et les malades, seront guéris. Le Seigneur, après leur avoir parlé, fut enlevé au ciel, et il s'assit à la droite de Dieu. Et ils s'en allèrent prêcher partout. **Le Seigneur travaillait avec eux, et confirmait la parole par les miracles qui l'accompagnaient.** »

Nous pouvons conclure que Jésus-Christ est venu offrir l'opportunité à tout homme de vivre la vie de Dieu sur cette terre ; lui-même étant le premier modèle. **Hébreux 12 : 1 à 2** « **Nous donc aussi**, puisque nous sommes environnés d'une si grande nuée de témoins, rejetons tout fardeau, et le péché qui nous enveloppe si facilement, et **courons avec persévérance dans la carrière qui nous est ouverte, ayant les regards sur Jésus**, le chef et le consommateur de la foi, qui, en vue de la joie qui lui était réservée, a souffert la croix, méprisé l'ignominie, et s'est assis à la droite du trône de Dieu »

CHAPITRE2   L'EGLISE DU SEIGNEUR JESUS-CHRIST

Quand on parle de l'église, tout le monde voit le bâtiment où se réunissent les chrétiens pour leurs rituels religieux. Mais qu'est-ce que la Bible nous dit à propos de l'église ?

Avant de voir ce que la Bible nous dit à propos de l'église, nous allons parler de l'importance de faire les choses selon la parole de Dieu. Car la parole de Dieu c'est la personne de Dieu Lui-même. Nous voyons cela dans **Jean 1 :1** « Au commencement était la Parole, et la Parole était avec Dieu, **et la Parole était Dieu.** » Si nous voulons être certains d'avoir Dieu avec nous, il nous faut rester dans sa paroles.

2 Jean 1:9 « Quiconque va plus loin **et ne demeure pas dans la doctrine de Christ n'a point Dieu** ; celui qui demeure dans cette doctrine a le Père et le Fils. » Nous remarquons ici que Dieu est avec ceux qui se conforment à sa parole et ne s'éloignent pas de cette parole, telle qu'elle est écrite, en se fondant sur leurs pensées : leur interprétation.

La doctrine de Christ c'est la Bible, les écritures que nous y lisons ; c'est pourquoi Jésus nous a dit dans **Matthieu 28: 19 à 20** « Allez, **faites de toutes les nations des disciples**, **les baptisant** au nom du Père, du Fils et du Saint-Esprit, **et enseignez-leur à observer tout ce que je vous ai prescrit.**

Et voici, je suis avec vous tous les jours, jusqu'à la fin du monde. » Jésus nous demande d'enseigner ce qu'il nous a prescrit il ne nous a pas demandé d'interpréter. Si nous restons dans ce qu'il a prescrit, il ajoute : « **Et voici, je suis avec vous tous les jours, jusqu'à la fin du monde.** »

Que sert –il à un croyant d'être là où Jésus n'est pas ?   Nous devons nous conformer à la parole de Dieu, pour nous assurer de la présence de Dieu avec nous.

Psaumes 119:4 « **Tu as prescrit tes ordonnances, Pour qu'on les observe avec soin.** »

Deutéronome 4:1 à 6 « Maintenant, Israël, **écoute les lois et les ordonnances que je vous enseigne. Mettez-les en pratique, afin que vous viviez**, et que vous entriez en possession du pays que vous donne l'Eternel, le Dieu de vos pères. **Vous n'ajouterez rien à ce que je vous prescris, et vous n'en retrancherez rien ; mais vous observerez les commandements de l'Eternel, votre Dieu, tels que je vous les prescris.** Vos yeux ont vu ce que l'Eternel a fait à l'occasion de

Baal-Peor : l'Eternel, **ton Dieu, a détruit du milieu de toi tous ceux qui étaient allés après Baal-Peor.**
Et vous, qui vous êtes attachés à l'Eternel, votre Dieu, vous êtes aujourd'hui tous vivants. Voici, je vous ai enseigné des lois et des ordonnances, comme l'Eternel, mon Dieu, me l'a commandé, afin que vous les mettiez en pratique dans le pays dont vous allez prendre possession. Vous les observerez et vous les mettrez en pratique ; **car ce sera là votre sagesse et votre intelligence** aux yeux des peuples, qui entendront parler de toutes ces lois et qui diront : Cette grande nation est un peuple absolument sage et intelligent ! »

Josué 1:8 « Que **ce livre de la loi** ne **s'éloigne point** de ta bouche ; **médite-le** jour et nuit, pour **agir fidèlement selon** tout ce qui y **est écrit** ; car c'est alors que tu auras du succès dans tes entreprises, **c'est alors que tu réussiras.** »

Dieu n'a pas changé et ne changera pas. De même qu'Il tenait à l'observation de ce qu'Il a prescrit dans l'ancien testament, de même Il y tient selon la nouvelle alliance.

Romains 8:14 « car tous ceux qui sont conduits par l'Esprit de Dieu sont fils de Dieu. »

Jean 6:63 « C'est l'esprit qui vivifie ; la chair ne sert de rien. **Les paroles que je vous ai dites sont esprit et vie.** »

Jean 14:15 « Si vous m'aimez, **gardez mes commandements.** »

Jean 15:10 « **Si vous gardez mes commandements, vous demeurerez dans mon amour, de même que j'ai gardé les commandements de mon Père, et que je demeure dans son amour.** »

Jean 14 : 15 à 17 « Si vous m'aimez, **gardez mes commandements. Et moi, je prierai le Père, et il vous donnera un autre consolateur, afin qu'il demeure éternellement avec vous,** l'Esprit de vérité, que le monde ne peut recevoir, parce qu'il ne le voit point et ne le connaît point ; mais vous, vous le connaissez, car il demeure avec vous, et il sera en vous. »

Jean 15:22 « **Si** je n'étais pas venu et que **je ne leur eusse point parlé, ils n'auraient pas de péché ;** mais maintenant **ils n'ont aucune excuse de leur péché.** »

Nous voyons donc clairement comment le Seigneur attache de l'importance à l'observation de sa parole. Ceci veut dire que nous devons comprendre l'église selon que la parole de Dieu la présente et pas autrement. Maintenant allons dans la Bible : la parole du Dieu vivant. Que dit la Bible au sujet de l'église ?

La première fois que le mot église a été prononcé dans la Bible, il l'a été par le Seigneur Jésus-Christ lui-même. Voyons cela dans **Mathieu 16 : 13 à 20** « Jésus, étant arrivé dans le territoire de Césarée de Philippe, demanda à ses disciples: Qui dit-on que je suis, moi, le Fils de l'homme? Ils répondirent: Les uns disent que tu es Jean Baptiste; les autres, Élie; les autres, Jérémie, ou l'un des prophètes. **Et vous, leur dit-il, qui dites-vous que je suis? Simon Pierre répondit: Tu es le Christ, le Fils du Dieu vivant.** Jésus, reprenant la parole, lui dit: Tu es heureux, Simon, fils de Jonas; car ce ne sont pas la chair et le sang qui t'ont **révélé** cela, mais c'est mon Père qui est dans les cieux. **Et moi, je te dis que tu es Pierre, et que sur cette pierre je bâtirai mon Église, et que les portes du séjour des morts ne prévaudront point contre elle.** Je te donnerai les clefs du royaume des cieux: ce que tu lieras sur la terre sera lié dans les cieux, et ce que tu délieras sur la terre sera délié dans les cieux. Alors il recommanda aux disciples de ne dire à personne qu'il était le Christ. »

Nous remarquons que :

1. C'est suite à l'opinion personnel de Pierre sur la personne de Jésus-Christ que celui-ci a parlé de son église ;
2. Cette opinion trouve sa source dans une révélation divine ;
3. L'église appartient à Jésus-Christ et c'est lui-même qui bâtit son église.

Le temple de l'ancien testament était l'image de l'église qui, est le temple du nouveau testament. Sur la base de ces trois remarques nous allons ensemble examiner à la lumière de la parole de Dieu si ce que nous considérons comme église aujourd'hui correspond à cette église de Jésus-Christ.

La parole de Dieu est la seule référence du disciple de JésusChrist : la parole faite chair. Il faut l'intervention divine pour nous la révéler comme cela a été pour Pierre notre frère bienaimé.

Psaume 119 : 130 « **La révélation de tes paroles** éclaire, Elle donne de l'intelligence aux simples. » **Psaume 147 : 19 à 20** «**Il révèle sa parole** à Jacob, Ses lois et ses ordonnances à Israël; Il n'a pas agi de même pour toutes les nations, Et elles ne connaissent point ses ordonnances. Louez l'Éternel! » **Psaume 19 : 9** « Les ordonnances de l'Éternel sont droites, elles réjouissent le cœur; Les commandements de l'Éternel sont purs, ils éclairent les yeux. » La parole de Dieu doit éclairer notre quête de la volonté de Dieu en toute chose.

Aujourd'hui nous avons plusieurs églises, plusieurs dénominations ; pourtant Jésus-Christ a parlé de son église. Certaines personnes me diront que cela n'a pas d'importance ; ne vous y trompez pas, cela est extrêmement important. Pourquoi ? Simplement parce que Jésus-Christ revient chercher (enlever) son église, il ne prendra pas ce qui ressemble à son église ; mais celle qu'il a rachetée et bâtit luimême. Amen!

Nous n'ignorons pas les desseins de satan qui veut se faire passer pour Dieu ainsi il travaille à semer la confusion dans l'esprit de ceux qui cherchent la volonté de Dieu. Gloire soit rendue à Dieu qui a pris les dispositions pour que ceux qui le cherchent véritablement puissent le trouver. **Jérémie 29 : 8 à 14** « Car ainsi parle l'Éternel des armées, le Dieu d'Israël: **Ne vous laissez pas tromper par vos prophètes qui sont au milieu de vous, et par vos devins, n'écoutez pas vos songeurs dont vous provoquez les songes! Car c'est le mensonge qu'ils vous prophétisent en mon nom.** Je ne les ai point envoyés, dit l'Éternel. Mais voici ce que dit l'Éternel: Dès que soixante-dix ans seront écoulés pour Babylone, je me souviendrai de vous, **et j'accomplirai à votre égard ma bonne parole**, en vous ramenant dans ce lieu. Car je connais les projets que j'ai formés sur vous, dit l'Éternel, projets de paix et non de malheur, afin de vous donner un avenir et de l'espérance. **Vous m'invoquerez, et vous partirez; vous me prierez, et je vous exaucerai. Vous me chercherez, et vous me trouverez, si vous me cherchez de tout votre cœur. Je me laisserai trouver par vous, dit l'Éternel**, et je ramènerai vos captifs; je vous rassemblerai de toutes les nations et de tous les lieux où je vous ai chassés, dit l'Éternel, et je vous ramènerai dans le lieu d'où je vous ai fait aller en captivité. »

Le peuple du Dieu vivant est aujourd'hui en captivité dans des systèmes religieux orchestrés par satan et ses agents ainsi que les gens de bonne volonté qui veulent servir Dieu pour diverses raisons. Mais tous ceux qui ont la soif du Dieu vivant et veulent sincèrement faire sa volonté seront éclairés par sa parole pour sortir de ces prisons spirituelles : les traditions humaines établis par ces systèmes religieux.

Examinons les écritures pour voir l'histoire de l'église comme lieu de rencontre de Dieu avec l'homme:

I- L'EGLISE : SA FORME PHYSIQUE

a. L'ancien testament

Dieu a besoin d'un endroit physique pour rencontrer l'homme qu'Il a créé à son image mais dans un corps physique. C'est pourquoi au commencement Il a fait un endroit spécial appelé le jardin d'Eden pour ce rendez-vous. Nous pouvons lire cela dans le livre de la **Genèse aux chapitres 2 et 3**. C'est justement lors d'un de ces rendez-vous que l'homme a été chassé de ce lieu par suite d'avoir **manqué d'observer strictement la parole de Dieu**. Satan a subtilement manipulé la parole de Dieu pour atteindre son but : prendre la royauté de la terre à l'homme et le réduire à l'esclavage.

Satan n'a pas changé de méthode il continue de tordre le sens de la parole de Dieu pour détourner les hommes de Dieu. Car il sait que Dieu ne se reconnait que dans sa parole uniquement. C'est pourquoi **nous devons nous en tenir à une observation stricte de la parole de Dieu** clairement exposée dans la Bible. **Hébreux 2:1** « **C'est pourquoi nous devons d'autant plus nous attacher aux choses que nous avons entendues, de peur que nous ne soyons emportés loin d'elles.** »

Après donc que l'homme ait été chassé du jardin d'éden le second endroit physique où Dieu a rencontré l'homme ce fut **sur les offrandes** (les autels) de Caïn et Abel. **Genèse 4 : 1 à 8**. Tous les peuples invoquaient et faisaient des sacrifices et offrandes à leurs dieux sur des autels. Puis Dieu s'est révélé à certains hommes par sa parole, parmi lesquels nous pouvons citer Abram devenu Abraham lorsque Dieu a fait alliance avec lui suite à son obéissance à la parole de Dieu au point de lui offrir son fils sur un autel. C'est de cet Abraham et son fils de la promesse divine : Isaac, que sont issue les israélites, peuple que Dieu s'est choisi pour montrer à toute l'humanité, l'importance d'obéir à sa parole en vue de préparer tous les hommes à obéir à sa parole faite chair en la personne de JésusChrist: le sauveur promis depuis la chute de l'homme au jardin d'éden.

Les autels ont subsisté jusqu'à l'avènement du **tabernacle** avec Moise : le sauveur promis pour faire sortir le peuple d'Israël de l'esclavage en Egypte. **Exode 35. Le tabernacle** était une tente mobile pour abriter **l'arche** de l'alliance contenant la parole de Dieu. Puis du tabernacle Dieu a permis la construction du **Temple** avec le Roi Salomon, lorsque le peuple d'Israël s'est installé dans la terre promise. C'est ce temple qui a servi de lieu de rencontre entre Dieu et l'homme jusqu'à la venue de Jésus Christ. Jésus Christ est venu introduire la nouvelle alliance de Dieu avec tous les hommes sans exception, bien que le Sauveur soit issu du peuple choisi.

Avec le changement d'alliance il y a eu également changement de la forme physique du lieu de rencontre.

Si Dieu a pris soin de décrire de façon détaillé le Tabernacle et le Temple comme nous pouvons le remarquer dans l'ancien testament, pensez-vous qu'Il ait omis de décrire le lieu physique de rencontre de la nouvelle alliance ?

Bien-aimés Dieu a décrit clairement le nouveau Temple avec la recommandation de s'y conformer comme nous pouvons le constater dans le nouveau testament.

b. Le nouveau testament

Commençons par la première annonce faite par Jésus- Christ lui-même : **Mathieu 16 : 13 à 20** « Jésus, étant arrivé dans le territoire de Césarée de Philippe, demanda à ses disciples: Qui dit-on que je suis, moi, le Fils de l'homme? Ils répondirent: Les uns disent que tu es Jean Baptiste; les autres, Élie; les autres, Jérémie, ou l'un des prophètes. **Et vous, leur dit-il, qui dites-vous que je suis? Simon Pierre répondit: Tu es le Christ, le Fils du Dieu vivant.** Jésus, reprenant la parole, lui dit: Tu es heureux, Simon, fils de Jonas; car ce ne sont pas la chair et le sang qui t'ont **révélé** cela, mais c'est mon Père qui est dans les cieux. **Et moi, je te dis que tu es Pierre, et que sur cette pierre je bâtirai mon Église,** et que les portes du séjour des morts ne prévaudront point contre elle. Je te donnerai les clefs du royaume des cieux: ce que tu lieras sur la terre sera lié dans les cieux, et ce que tu délieras sur la terre sera délié dans les cieux. Alors il recommanda aux disciples de ne dire à personne qu'il était le Christ. »

Nous voyons que les matériaux de construction ont changé : ce sont des pierres vivantes. **Ephésiens 2 : 19 à 21** « Ainsi donc, vous n'êtes plus des étrangers, ni des gens du dehors ; mais **vous êtes** concitoyens des saints, **gens de la maison de Dieu. Vous avez été édifiés sur le fondement des apôtres et des prophètes, Jésus-Christ lui-même étant la pierre angulaire.** En lui **tout l'édifice**, bien coordonné, **s'élève pour être un temple saint** dans le Seigneur. »

Il est bien question **d'un** temple pas **deux** et nous voyons clairement que les matériaux de construction sont les êtres humains pas du béton ou autre chose. Avons-nous besoin d'interpréter ou que quelqu'un nous interprète cette écriture ?

La première forme physique de l'église de Jésus-Christ était son propre corps et c'est maintenant le corps de chacun des disciples que nous sommes. **2 Corinthiens 5 :19** « **Car Dieu était en Christ**, réconciliant le monde avec lui-même, en n'imputant point aux hommes leurs offenses, **et il a mis en nous la parole de la réconciliation.** »
Ce verset nous indique clairement que le lieu de rencontre entre l'homme et Dieu était la personne de Jésus-Christ pendant que celui-ci était sur la terre. Toute personne qui avait l'intention de rencontrer Dieu devait aller à Jésus-Christ. Jésus n'a cessé de le répéter aux juifs. La suite du verset dit que Dieu a mis en nous qui avons cru la parole (Jésus-Christ).
Avons-nous besoin d'un autre endroit pour adorer Dieu ? **Actes 2 : 1 – 4** « Le jour de la Pentecôte, ils étaient tous ensemble dans le même lieu. Tout à coup il vint du ciel un bruit comme celui d'un vent impétueux, et il remplit toute la maison où ils étaient assis. **Des langues, semblables à des langues de feu, leur apparurent, séparées les unes des autres, et se posèrent sur chacun d'eux. Et ils furent tous remplis du Saint-Esprit,** et se mirent à parler en d'autres langues, selon que l'Esprit leur donnait de s'exprimer. » Nous voyons ici clairement que de la même manière que Dieu avait approuvé le tabernacle et le Temple construit respectivement par Moïse et par Salomon conformément à ses instructions, il a également approuvé Jésus-Christ lors de son baptême (le modèle du temple de la nouvelle alliance), aussi il a en faisant reposer la langue de feu sur chacun d'eux.

La deuxième forme physique de l'église de Jésus-Christ est l'assemblée de deux ou trois disciples quel que soit l'endroit où se tient cette assemblée. **Mathieu 18 :19 à 20** « Je vous dis encore que, si deux d'entre vous s'accordent sur la terre pour demander une chose quelconque, elle leur sera accordée par mon Père qui est dans les cieux. **Car là où deux ou trois sont assemblés en mon nom, je suis au milieu d'eux.** »
Il est important de considérer ce qui est en train d'être dit car là où Dieu n'est pas, satan règne c'est ce qui se passe dans les « églises » que nous connaissons.
Dieu en effet a clairement annoncé la fin du temple en invitant les juifs premièrement et tous les hommes ensuite à se détourner des traditions pour s'attacher à sa parole et la garder avec soin. Car sa

parole est esprit et vie. Voyons cela dans la parole de Dieu :
Galates 3 :24 à 28 « Ainsi la loi a été comme un pédagogue pour nous conduire à Christ, afin que nous fussions justifiés par la foi. La foi étant venue, **nous ne sommes plus sous ce pédagogue.** Car vous êtes tous fils de Dieu par la foi en Jésus-Christ ; **vous tous, qui avez été baptisés en Christ, vous avez revêtu Christ.** Il n'y a plus ni Juif ni Grec, il n'y a plus ni esclave ni libre, il n'y a plus ni homme ni femme ; **car tous vous êtes un en JésusChrist. »**

Jean 2 :18 à 22 « Les Juifs, prenant la parole, lui dirent : Quel miracle nous montres-tu, pour agir de la sorte ? Jésus leur répondit: **Détruisez ce temple, et en trois jours je le relèverai.** Les Juifs dirent : Il a fallu quarante-six ans pour bâtir ce temple, et toi, en trois jours tu le relèveras ! **Mais il parlait du temple de son corps.** C'est pourquoi, lorsqu'il fut ressuscité des morts, **ses disciples se souvinrent qu'il avait dit cela, et ils crurent à l'Ecriture et à la parole que Jésus avait dite. »**
Jean 4: 20 à 23 « Nos pères ont adoré sur cette montagne ; et vous dites, vous, que le lieu où il faut adorer est à Jérusalem. **Femme, lui dit Jésus, crois-moi, l'heure vient où ce ne sera ni sur cette montagne ni à Jérusalem que vous adorerez le Père.**   Vous adorez ce que vous ne connaissez pas ; nous, nous adorons ce que nous connaissons, car le salut vient des Juifs. **Mais l'heure vient, et elle est déjà venue, où les vrais adorateurs adoreront le Père en esprit et en vérité ; car ce sont là les adorateurs que le Père demande. »**
Adorer en esprit et en vérité c'est se conformer à la parole de Dieu qui est esprit et vérité.
Marc 14 : 57 à 58 «   Quelques-uns se levèrent, et portèrent un faux témoignage contre lui, disant: Nous l'avons entendu dire: **Je détruirai ce temple fait de main d'homme, et en trois jours j'en bâtirai un autre qui ne sera pas fait de main d'homme. »**
Mathieu 17 : 1 à 9 « Six jours après, Jésus prit avec lui Pierre, Jacques, et Jean, son frère, et il les conduisit à l'écart sur une haute montagne. Il fut transfiguré devant eux ; son visage resplendit comme le soleil, et ses vêtements devinrent blancs comme la lumière.   Et voici, Moïse et Elie leur apparurent, s'entretenant avec lui. **Pierre, prenant la parole, dit à Jésus :** Seigneur, il est bon que nous soyons ici ; **si tu le veux, je dresserai ici trois tentes, une pour toi, une pour Moïse, et une pour Elie.** Comme il parlait encore, une nuée lumineuse les couvrit. **Et voici, une voix fit entendre de la nuée ces paroles :**

Celui-ci est mon Fils bien-aimé, en qui j'ai mis toute mon affection : écoutezle !

Lorsqu'ils entendirent cette voix, les disciples tombèrent sur leur face, et furent saisis d'une grande frayeur. **Mais Jésus, s'approchant, les toucha, et dit : Levez-vous, n'ayez pas peur ! Ils levèrent les yeux, et ne virent que Jésus seul.** Comme ils descendaient de la montagne, Jésus leur donna cet ordre : Ne parlez à personne de cette vision, jusqu'à ce que le Fils de l'homme soit ressuscité des morts. »

Si Dieu voulait que l'on construise des maisons spécialement pour l'adorer cet évènement devait en marquer le point de départ. Nous remarquons que Dieu a fait disparaître rapidement Moise et Elie puis Il a fait entendre sa **voix**, en recommandant d'écouter Jésus-Christ (sa parole faite chair). Il a donc **parlé de façon audible** pour que les disciples comprennent qu'Il ne voulait plus de maison faite de main d'homme surtout que les disciples voulaient en construire pour chaque prophète.

Mathieu 27 : 45 à 54 « Depuis la sixième heure jusqu'à la neuvième, il y eut des ténèbres sur toute la terre. Et vers la neuvième heure, Jésus s'écria d'une voix forte : Eli, Eli, lama sabachthani ? C'est-à-dire : Mon Dieu, mon Dieu, pourquoi m'as-tu abandonné ? Quelques-uns de ceux qui étaient là, l'ayant entendu, dirent : Il appelle Elie. Et aussitôt l'un d'eux courut prendre une éponge, qu'il remplit de vinaigre, et, l'ayant fixée à un roseau, il lui donna à boire. Mais les autres disaient : Laisse, voyons si Elie viendra le sauver. **Jésus poussa de nouveau un grand cri, et rendit l'esprit. Et voici, le voile du temple se déchira en deux, depuis le haut jusqu'en bas,** la terre trembla, les rochers se fendirent, les sépulcres s'ouvrirent, et plusieurs corps des saints qui étaient morts ressuscitèrent. Etant sortis des sépulcres, après la résurrection de Jésus, ils entrèrent dans la ville sainte, et apparurent à un grand nombre de personnes. Le centenier et ceux qui étaient avec lui pour garder Jésus, ayant vu le tremblement de terre et ce qui venait d'arriver, furent saisis d'une grande frayeur, et dirent : Assurément, cet homme était Fils de Dieu. »

Le voile qui fermait l'accès du lieu très saint dans le temple de l'ancienne alliance, a été déchiré lorsque le sacrifice de la nouvelle alliance a été fait.

La fin du temple avait aussi été annoncée dans l'ancien testament :

Esaïe 66 : 1 à 4 « Ainsi parle l'Eternel : Le ciel est mon trône, Et la terre mon marchepied. **Quelle maison pourriez-vous me bâtir, Et quel lieu me donneriez-vous pour demeure ?** Toutes ces choses, ma main les a faites, Et toutes ont reçu l'existence, dit l'Eternel. **Voici sur qui je porterai mes regards : Sur celui qui souffre et qui a l'esprit abattu, Sur celui qui craint ma parole.** Celui qui immole un bœuf est comme celui qui tuerait un homme, Celui qui sacrifie un agneau est comme celui qui romprait la nuque à un chien, Celui qui présente une offrande est comme celui qui répandrait du sang de porc, Celui qui brûle de l'encens est comme celui qui adorerait des idoles ; **Tous ceux-là se complaisent dans leurs voies, Et leur âme trouve du plaisir dans leurs abominations.** Moi aussi, je me complairai dans leur infortune, Et je ferai venir sur eux ce qui cause leur effroi, **Parce que j'ai appelé, et qu'ils n'ont point répondu, Parce que j'ai parlé, et qu'ils n'ont point écouté** ; Mais ils ont fait ce qui est mal à mes yeux, Et ils ont choisi ce qui me déplaît. »

Jérémie 3 : 13 à 17 «Reconnais seulement ton iniquité, Reconnais que tu as été infidèle à l'Eternel, ton Dieu, Que tu as dirigé çà et là tes pas vers les dieux étrangers, Sous tout arbre vert, Et que tu n'as pas écouté ma voix, dit l'Eternel. **Revenez, enfants rebelles, dit l'Eternel ; Car je suis votre maître.** Je vous prendrai, un d'une ville, deux d'une famille, Et je vous ramènerai dans Sion. **Je vous donnerai des bergers selon mon cœur, Et ils vous paîtront avec intelligence et avec sagesse.** Lorsque vous aurez multiplié et fructifié dans le pays, **En ces jours-là, dit l'Eternel, On ne parlera plus de l'arche de l'alliance de l'Eternel ; Elle ne viendra plus à la pensée ; On ne se la rappellera plus, on ne s'apercevra plus de son absence, Et l'on n'en fera point une autre.** En ce temps-là, on appellera Jérusalem le trône de l'Eternel ; Toutes les nations s'assembleront à Jérusalem, au nom de l'Eternel, Et elles ne suivront plus les penchants de leur mauvais cœur. »

Ecclésiaste 5 : 7 « Si tu vois dans une province le pauvre,opprimé et la violation du droit et de la justice, ne t'en étonne point ; car un homme élevé est placé sous la surveillance d'un autre plus élevé, et au-dessus d'eux il en est de plus élevés encore. »

Nous voyons les effets de la hiérarchie dans les « églises » d'aujourd'hui.

II. LE CULTE : LES EFFETS DE LA FIN DU TEMPLE

Comment doit-on faire le culte selon la nouvelle alliance ? Nous devons vivre comme Jésus a vécu avec ses disciples. Voyons quelques indications dans les écritures : **Mathieu 28 :19 à 20 « Allez, faites de toutes les nations des disciples,** les baptisant au nom du Père, du Fils et du Saint-Esprit, **et enseignez-leur à observer tout ce que je vous ai prescrit.** Et voici, je suis avec vous tous les jours, jusqu'à la fin du monde. »

Le Seigneur Jésus a demandé de faire des disciples par l'observation de ce qu'il a prescrit. Il aurait pu dire de bâtir des endroits à cet effet ; il ne l'a pas dit parce que les apôtres ont vu qu'il a enseigné partout où il était possible. C'est pourquoi les apôtres n'ont jamais rien construit à cet effet.

Certaines personnes justifient la construction des bâtiments par le fait que Jésus allait au temple, et enseignait dans les synagogues. Il était accepté par certains chefs de synagogue et rejeté par d'autres. Ce sont les différents chefs des synagogues qui l'ont condamné et veillé à son exécution. Jésus a mis ses disciples en garde : **Jean 16:2 « Ils vous excluront des synagogues ; et même l'heure vient où quiconque vous fera mourir croira rendre un culte à Dieu. »**

Nous devons enseigner la saine doctrine partout où il est possible même dans les synagogues contemporaines, en gardant bien à l'esprit les paroles de Jésus.

Le culte était fait pour faire des offrandes à Dieu ainsi notre culte doit être conforme au modèle de notre souverain sacrificateur Jésus-Christ.

Apocalypse 1 : 4 à 6 « Jean aux sept Eglises qui sont en Asie : que la grâce et la paix vous soient données de la part decelui qui est, qui était, et qui vient, et de la part des sept esprits qui sont devant son trône, **et de la part de JésusChrist**, le témoin fidèle, le premier-né des morts, et le prince des rois de la terre ! **A celui qui nous aime, qui nous a délivrés de nos péchés par son sang, et qui a fait de nous un royaume, des sacrificateurs pour Dieu son Père**, à lui soient la gloire et la puissance, aux siècles des siècles ! Amen ! »

Romains 12:1 « Je vous exhorte donc, frères, par les compassions de Dieu, **à offrir vos corps comme un sacrifice vivant, saint,**

agréable à Dieu, ce qui sera de votre part un culte raisonnable. »

Hébreux 10 : 19 à 27 « Ainsi donc, frères, puisque nous avons, au moyen du sang de Jésus, une libre entrée dans le sanctuaire par la route nouvelle et vivante qu'il a inaugurée pour nous au travers du voile, c'est-à-dire, de sa chair, et puisque nous avons un souverain sacrificateur établi sur la maison de Dieu, approchons-nous avec un cœur sincère, dans la plénitude de la foi, les cœurs purifiés d'une mauvaise conscience, et le corps lavé d'une eau pure. Retenons fermement la profession de notre espérance, car celui qui a fait la promesse est fidèle. Veillons les uns sur les autres, pour nous exciter à la charité et aux bonnes œuvres. N'abandonnon pas notre assemblée, comme c'est la coutume de quelques uns; mais exhortons-nous réciproquement, et cela d'autant plus que vous voyez s'approcher le jour. **Car, si nous péchons volontairement après avoir reçu la connaissance de la vérité**, il ne reste plus de sacrifice pour les péchés, mais une attente terrible du jugement et l'ardeur d'un feu qui dévorera les rebelles. »

1 Corinthien 14 : 23 à 25 « Si donc, dans **une assembléede l'Eglise entière**, tous parlent en langues, **et qu'il survienne des hommes du peuple ou des non-croyants**, ne diront-ils pas que vous êtes fous ? Mais si tous prophétisent, **et qu'il survienne quelque non-croyant ou un homme du peuple, il est convaincu par tous, il est jugé par tous, les secrets de son cœur sont dévoilés, de telle sorte que, tombant sur sa face, il adorera Dieu, et publiera que Dieu est réellement au milieu de vous**.

Nous remarquons ici que normalement l'assemblée de l'église concerne seulement ceux qui sont en Christ et que les non-croyants surviennent et sont convaincus par la présence de Dieu au milieu des croyants. **Actes 2: 46 à 47** «Ils étaient chaque jour tous ensemble assidus au temple, ils rompaient le pain dans les maisons, et prenaient leur nourriture avec joie et simplicité de cœur, louant Dieu, et trouvant grâce auprès de tout le peuple. **Et le Seigneur ajoutait chaque jour à l'Eglise ceux qui étaient sauvés**. »

Aujourd'hui au lieu de laisser le Saint-Esprit conduire les choses on invite les non-croyants dans les synagogues pour en faire des prosélytes ; c'est pourquoi les « églises » sont remplies de sorciers et autres agents de satan. **Matthieu 23:15** « Malheur à vous, scribes et pharisiens hypocrites ! parce que vous courez la mer et la terre pour faire un prosélyte ; et, quand il l'est devenu, vous en faites un fils de la géhenne deux fois plus que vous. »

Le déroulement du culte concerne donc les vrais enfants de Dieu, comme nous le voyons dans le passage suivant :

1 Corinthien 14 : 26 à 40 « **Que faire donc, frères ? Lorsque vous vous assemblez**, les uns ou les autres parmi vous ont-ils un cantique, une instruction, une révélation, une langue, une interprétation, **que tout se fasse pour l'édification.** En est-il qui parlent en langue, que deux ou trois au plus parlent, chacun à son tour, et que quelqu'un interprète ; **s'il n'y a point d'interprète, qu'on se taise dans l'Eglise,** et qu'on parle à soi-même et à Dieu. **Pour ce qui est des prophètes, que deux ou trois parlent, et que les autres jugent ; et si un autre qui est assis a une révélation, que le premier se taise.** Car vous pouvez tous prophétiser successivement, afin que tous soient instruits et que tous soient exhortés. **Les esprits des prophètes sont soumis aux prophètes ; car Dieu n'est pas un Dieu de désordre, mais de paix.** Comme dans toutes les Eglises des saints, que les femmes se taisent dans les assemblées, car il ne leur est pas permis d'y parler ; mais qu'elles soient soumises, selon que le dit aussi la loi. Si elles veulent s'instruire sur quelque chose, qu'elles interrogent leurs maris à la maison ; car il est malséant à une femme de parler dans l'Eglise. Est-ce de chez vous que la parole de Dieu est sortie ? ou est-ce à vous seuls qu'elle est parvenue ? **Si quelqu'un croit être prophète ou inspiré, qu'il reconnaisse que ce que je vous écris est un commandement du Seigneur.** Et si quelqu'un l'ignore, qu'il l'ignore. Ainsi donc, frères, aspirez au don de prophétie, et n'empêchez pas de parler en langues. **Mais que tout se fasse avec bienséance et avec ordre.** »
Ce que nous appelons églises aujourd'hui sont en réalité les synagogues du temps de Jésus-Christ ; ainsi donc on y trouve des gens qui aiment la saine doctrine et d'autres (la majorité) qui n'aiment pas la saine doctrine et qui sous apparence de piété retiennent les autres en captivité. Mais le Seigneur dit :
2 Corinthiens 6:17 « C'est pourquoi, **Sortez du milieu d'eux, Et séparez-vous, dit le Seigneur ;** Ne touchez pas à ce qui est impur, Et je vous accueillerai. »

Apocalypse 18:4 « Et j'entendis du ciel une autre voix qui disait : **Sortez du milieu d'elle, mon peuple, afin que vous ne participiez point à ses péchés**, et que vous n'ayez point de part à ses fléaux. »

III. DE LA NECESSITE DE CONSTRUIRE DES BATIMENTS

Il est courant d'entendre dire que ce n'est pas mauvais de construire des bâtiments sinon il ne faudrait pas se réunir dans les maisons car les maisons sont aussi des bâtiments. Le Seigneur m'a fait la grâce de bénéficier des enseignements de certains de ses fidèles serviteurs. Non seulement ces enseignements clarifient d'avantage ce que j'ai reçu, en plus ils me confortent dans la conviction qu'il n'est pas prudent de construire un local de rassemblement dans la mesure où cela n'est pas nécessaire : « **la maison de Dieu se construit dans le cœur de l'homme, par la parole de Dieu** .»

1 Corinthiens 3 : 10 à 19 « Car **nous sommes ouvriers avec Dieu**. **Vous êtes** le champ de Dieu, **l'édifice de Dieu**. Selon la grâce de Dieu qui m'a été donnée, j'ai posé le fondement comme un sage architecte, et un autre bâtit dessus. Mais que chacun prenne garde à la manière dont il bâtit dessus.

Car personne ne peut poser un autre fondement que celui qui a été posé, savoir Jésus-Christ. Or, si quelqu'un bâtit sur ce fondement avec de l'or, de l'argent, des pierres précieuses, du bois, du foin, du chaume, l'œuvre de chacun sera manifestée ; car le jour la fera connaître, parce qu'elle se révèlera dans le feu, et le feu éprouvera ce qu'est l'œuvre de chacun. Si l'œuvre bâtie par quelqu'un sur le fondement subsiste, il recevra une récompense. **Si l'œuvre de quelqu'un est consumée, il perdra sa récompense ; pour lui, il sera sauvé, mais comme au travers du feu. Ne savez-vous pas que vous êtes le temple de Dieu, et que l'Esprit de Dieu habite en vous ?** Si quelqu'un détruit le temple de Dieu, Dieu le détruira ; car le temple de Dieu est saint, et c'est ce que vous êtes. Que nul ne s'abuse lui-même : **si quelqu'un parmi vous pense être sage selon ce siècle, qu'il devienne fou, afin de devenir sage.** Car la sagesse de ce monde est une folie devant Dieu. Aussi est-il écrit : Il prend les sages dans leur ruse. »

La Bible déclare que dans les derniers temps les gens aimeront le mensonge plus que la vérité ; ceux qui ont reçu l'amour de la vérité mais pas pour le salut, ils se donneront une foule de docteurs selon les convoitises de leur cœur et Dieu même leur enverra un esprit d'égarement.   Je pense que nos maisons sont suffisantes pour rassembler le peu de gens qui aiment la vérité ; ceux-là qui veulent suivre la voie étroite qui mène à la vie éternelle.

Remarque :

Jésus-Christ ni les apôtres après lui n'ont construit aucun local. Nous devons les imiter. Cependant je reconnais et respecte la liberté que nous avons dans le Seigneur : **1 corinthiens 6 : 12 à 20** « Tout m'est permis, mais tout n'est pas utile ; tout m'est permis, mais je ne me laisserai asservir par quoi que ce soit. Les aliments sont pour le ventre, et le ventre pour les aliments ; et Dieu détruira l'un comme les autres. Mais le corps n'est pas pour l'impudicité. Il est pour le Seigneur, et le Seigneur pour le corps. Et Dieu, qui a ressuscité le Seigneur, nous ressuscitera aussi par sa puissance. Ne savez-vous pas que vos corps sont des membres de Christ ? Prendrai-je donc les membres de Christ, pour en faire les membres d'une prostituée ? (6-16) Loin de là ! Ne savez-vous pas que celui qui s'attache à la prostituée est un seul corps avec elle ? Car, est-il dit, les deux deviendront une seule chair.
Mais celui qui s'attache au Seigneur est avec lui un seul esprit. Fuyez l'impudicité. Quelque autre péché qu'un homme commette, ce péché est hors du corps ; mais celui qui se livre à l'impudicité pèche contre son propre corps. **Ne savez-vous pas que votre corps est le temple du Saint-Esprit qui est en vous, que vous avez reçu de Dieu, et que vous ne vous appartenez point à vous-mêmes** ? Car vous avez été rachetés à un grand prix. Glorifiez donc Dieu dans votre corps et dans votre esprit, qui appartiennent à Dieu. »

Il m'a été donné les observations suivantes à propos de local de rassemblement et des organisations (associations) formalisées selon les lois des hommes :

1. Tous ceux qui ont reçu une autorisation (récépissé) d'une autorité séculaire pour servir le Seigneur Jésus-Christ, ceux-là courent le risque de servir cette autorité séculaire au détriment du Seigneur Jésus-Christ : possibilité de retrait dudit récépissé.

2. Le fait que le temple de l'ancien testament (l'ancienne alliance) était unique et a joué son rôle jusqu'à l'avènement du temple du nouveau testament (la nouvelle alliance), se mettre à construire des temples expose ceuxqui s'y adonnent à Satan.

3. Le temple de l'ancien testament (l'ancienne alliance) est appelé à jouer un rôle selon les écritures et ce rôle est de recevoir l'antichrist qui va se proclamer Dieu ; ainsi les bâtiments construits pour servir de temple dans le temps du nouveau testament (la nouvelle

alliance) sont aisément occupés par le diable qui s'y proclame comme Dieu. **2 Thessaloniciens 2 : 3 à 4** « Que personne ne vous séduise d'aucune manière ; car il faut que l'apostasie soit arrivée auparavant, et qu'on ait vu paraître l'homme du péché, le fils de la perdition, l'adversaire qui s'élève au dessus de tout ce qu'on appelle Dieu ou de ce qu'on adore, jusqu'à s'asseoir dans le temple de Dieu, se proclamant lui-même Dieu. » C'est plus ou moins ce qui se présente dans les organisations dites chrétiennes aujourd'hui : leur fondateur ou chef sont des « hommes dieux », très difficilement accessible à leurs fidèles ; pas ceux de Jésus-Christ le Seigneur et Maître qui a versé son sang pour le rachat de nos âmes.

Une sagesse populaire dit : « un homme averti en vaut deux »

Ceci pour dire que lorsque l'on est averti des risques, des dangers dans quelque situation que ce soit, la sagesse recommande de prendre les dispositions pour éviter d'être soumis à ses risques, à ses dangers. **Jean 15:22 « Si je n'étais pas venu et que je ne leur eusse point parlé, ils n'auraient pas de péché ; mais maintenant ils n'ont aucune excuse de leur péché. »**

Donc il n'est pas mauvais de s'acquérir un local pour en faire un lieu de rassemblement cependant c'est consciemment courir le risque de voir Satan se proclamer Dieu dans ce local.

En mon sens ce qui est utile c'est éviter ce risque tout simplement ; nous devons rechercher le nécessaire et l'indispensable c'est-à-dire obéir et se soumettre à **la volonté de Dieu** lorsqu'elle nous est clairement montrée.

Or selon ce qui m'a été donné de connaitre concernant le temple de la nouvelle alliance dans les écritures, la volonté de Dieu au sujet du temple est :

1. Le corps de chacun comme habitation de Dieu sur le modèle du corps de Jésus-Christ,

2. L'assemblée de ceux-là qui ont reçu Jésus-Christ le premier temple de la nouvelle alliance. Il faut comprendre ici, le fait de se réunir, de se mettre ensemble pour communier. C'est cette habitude que la Bible nous recommande et non pas le fait d'appartenir à une organisation physique.

Je pense que s'il y a des possibilités de bénéficier de terrain il vaut mieux en faire un instrument de travail dont le produit couvrira les différents besoins. Cela doit se faire dans la vérité et la crainte de Dieu.

Actes 2 : 44 à 47 « Tous ceux qui croyaient étaient dans le même lieu, et ils avaient tout en commun. **Ils vendaient leurs propriétés et leurs biens, et ils en partageaient le produit entre tous, selon les besoins de chacun.** Ils étaient chaque jour tous ensembles assidus au temple, ils rompaient le pain dans les maisons, et prenaient leur nourriture avec joie et simplicité de cœur, louant Dieu, et trouvant grâce auprès de tout le peuple. Et le Seigneur ajoutait chaque jour à l'Église ceux qui étaient sauvés. »

Actes 5 : 1 à 5 « Mais un homme nommé Ananias, avec Saphira sa femme, **vendit une propriété,** et retint une partie du prix, sa femme le sachant ; **puis il apporta le reste, et le déposa aux pieds des apôtres.** Pierre lui dit : Ananias, pourquoi Satan a-t-il rempli ton cœur, au point que tu mentes au Saint-Esprit, et que tu aies retenu une partie du prix du champ ? S'il n'eût pas été vendu, ne te restait-il pas ? Et, après qu'il a été vendu, le prix n'était-il pas à ta disposition ? Comment as-tu pu mettre en ton cœur un pareil dessein ? Ce n'est pas à des hommes que tu as menti, mais à Dieu. Ananias, entendant ces paroles, tomba, et expira. Une grande crainte saisit tous les auditeurs. »

CHAPITRE 3   LE FONDEMENT DE L'ŒUVRE DE DIEU : L'EGLISE

1Corinthiens 3:10-11

« *Selon la grâce de Dieu qui m'a été donnée, j'ai posé le* fondement *comme un sage architecte, et un autre bâtit dessus. Mais que chacun prenne garde à la manière dont il bâtit dessus.* Car personne ne peut poser un autre fondement que celui qui a été posé, savoir Jésus-Christ.»

Bien que la parole de Dieu nous parle ici clairement d'un fondement UNIQUE, aujourd'hui, le peuple de Dieu du moins ceux qui se considèrent comme tel, ce peuple donc est confronté à une multitude de doctrines tirées toutes de la Bible.

Que faire pour échapper à cette confusion et marcher d'une manière sûre ? C'est ce que nous allons examiner ensemble. Toute chose dans la vie a un fondement, ce qui fait sa force et la justifie.

Plus le fondement est solide, plus le bâtiment sera haut et solide. Chacun bâtit selon ses moyens et sa capacité. Dieu est le concepteur de son œuvre : son bâtiment= l'église. Dieu a posé le fondement : Jésus-Christ ; et Dieu est celui qui bâtit tout l'édifice selon le modèle de Christ. La Bible dit que nous sommes co-ouvriers avec Christ. Il faut donc que la notion d'église soit claire pour chacun de nous. Sinon comment nous allons bâtir avec Dieu ?

Le besoin fondamental de l'homme c'est la présence de Dieu qu'il a perdu depuis le jardin d'Eden. Jésus-Christ est venu rétablir cette présence ; c'est ce que nous dit la Bible dans **2 Corinthiens 5 :19** « *Car Dieu était en Christ, réconciliant le monde avec lui-même, en n'imputant point aux hommes leurs offenses, et il a mis en nous la parole de la réconciliation.* »

Le modèle de l'église de Dieu qui nous est donné ici est très claire et ne laisse subsister aucune confusion c'est:

1. C'est la présence de Dieu en Jésus-Christ ;
2. Le but de cette présence c'est de réconcilier chaque Homme avec Dieu ;
3. Pour faire de chaque Homme une habitation de Dieu capable de révéler la présence de Dieu.

Pour résumer nous pouvons dire que l'église de Dieu c'est chacun de nous individuellement d'abord et ensuite le regroupement de ceux qui ont véritablement reçu JésusChrist :laparole de la réconciliation. La confusion vient du fait que les gens regardent au Temple selon l'image de l'Ancien Testament or la Bible nous dit que la loi a été donnée comme pédagogue pour nous conduire à Christ.

Galates 3 : 24 à 27 : « *Ainsi la loi a été comme un pédagogue pour nous conduire à Christ, afin que nous fussions justifiés par la foi. La foi étant venue, nous ne sommes plus sous ce pédagogue. Car vous êtes tous fils de Dieu par la foi en Jésus-Christ; vous tous, qui avez été baptisés en Christ, vous avez revêtu Christ.* » Le Temple de l'Ancien Testament a été donné comme pédagogue pour nous conduire au modèle du Temple de Christ. Jésus-Christ nous le dit clairement dans **Jean 2 :19** : « *Jésus leur répondit: Détruisez ce temple, et en trois jours je le relèverai.* » et Dieu le confirme dans **Mat 17 : 3 – 5** « *Et voici, Moïse et Elie leur apparurent, s'entretenant avec lui. Pierre, prenant la parole, dit à Jésus : Seigneur, il est bon que nous soyons ici ; si tu le veux , je dresserai ici trois tentes, une pour toi , une pour Moïse , et une pour Elie. Comme il parlait encore, une nuée lumineuse les couvrit. Et voici, une voix fit entendre de la nuée ces paroles: Celui-ci est mon Fils bien-aimé, en qui j'ai mis toute mon affection: écoutez.* » C'est donc cette église qui doit grandir en chacun de nous. Nous avons souvent besoin de bâtiment physiques pour nous réunir et on les appelle à tort : églises. C'est la bonne compréhension de l'église de Dieu qui nous permettra d'entretenir de bonnes relations et dans les bâtiments et les uns avec les autres sans distinction. Il y'a confusion parce que les hommes cherchent plus ce qu'ils veulent et non ce que Dieu veut. Dieu dit dans **Proverbe 8 :7 – 9** « *Car ma bouche proclame la vérité, Et mes lèvres ont en horreur le mensonge; Toutes les paroles de ma bouche sont justes, Elles n'ont rien de faux ni de détourné; Toutes sont claires pour celui qui est intelligent, Et droites pour ceux qui ont trouvé la science.* » Un homme qui parle de la part de Dieu dira donc des choses claires ; de même un homme qui cherche véritablement Dieu, Dieu lui donnera l'intelligence pour comprendre les choses clairement.

Il n'y a donc pas plusieurs églises de Dieu mais une seule : un seul corps de Christ qui est universel. Toute autre organisation qui tente de prendre cette place est une abomination devant Dieu. Toute organisation ou système religieux qui retient les hommes captifs rendra compte à Dieu. Les vrais enfants de Dieu sont libres de toutes ces organisations et systèmes. Le même Dieu qui était en Jésus-Christ, se trouve en chacun de nous par son esprit, pour continuer le ministère de la réconciliation. Le temple de notre corps comprend trois parties : le corps, l'âme et l'esprit. C'est notre esprit qui va être édifié par l'Esprit de Dieu : la parole. Notre âme est sauvée de la mort en recevant la parole et notre corps manifeste la vie de Dieu en commençant par le baptême d'eau.

C'est pourquoi la Bible dit dans **Jean 1 : 12 – 13** « *Mais à tous ceux qui l'ont reçue, à ceux qui croient en son nom, elle a donné le pouvoir de devenir enfants de Dieu, lesquels sont nés, non du sang, ni de la volonté de la chair, ni de la volonté de l'homme, mais de Dieu.*

Le salut est donc le point de départ de l'œuvre de Dieu : l'église. Il est donc aussi important de comprendre bien le salut sinon l'église de Dieu que nous sommes ne pourra pas grandir. La Bible nous dit dans **Actes 4 : 12** «*Il n'y a de salut en aucun autre; car il n'y a sous le ciel aucun autre nom qui ait été donné parmi les hommes, par lequel nous devions être sauvés.*» Ici nous comprenons que le salut c'est la personne de Jésus-Christ : la parole de Dieu faite chair. Voyons ce que le Seigneur Jésus-Christ nous dit dans les deux passages suivants qui ont la particularité d'être prononcée l'un au début de son ministère et l'autre à la fin: Le premier passage se dans **Luc 4 : 16 - 19** «*Il se rendit à Nazareth, où il avait été élevé, et, selon sa coutume, il entra dans la synagogue le jour du sabbat. Il se leva pour faire la lecture, et on lui remit le livre du prophète Esaïe. L'ayant déroulé, il trouva l'endroit où il était écrit: L'Esprit du Seigneur est sur moi, Parce qu'il m'a oint pour annoncer une bonne nouvelle aux pauvres; Il m'a envoyé pour guérir ceux qui ont le cœur brisé, Pour proclamer aux captifs la délivrance, Et aux aveugles le recouvrement de la vue, Pour renvoyer libres les opprimés, Pour publier une année de grâce du Seigneur.* » Le deuxième passage est dans **Marc 16 : 14 – 16** « *Enfin, il apparut aux onze, pendant qu'ils étaient à table; et il leur reprocha leur incrédulité et la dureté de leur cœur, parce qu'ils n'avaient pas cru ceux qui l'avaient vu ressuscité. Puis il leur dit: Allez par tout le monde, et prêchez la bonne nouvelle à toute la création. Celui qui croira et qui sera baptisé sera sauvé, mais celui qui ne croira pas sera condamné.* » Nous voyons ici que le Seigneur Jésus-Christ est venu annoncer une bonne nouvelle de la part de Dieu. C'est cette bonne nouvelle que tout homme doit accepter pour quitter sa position de condamné à l'enfer et passer à celle d'héritier de la vie éternelle en Jésus-Christ. **NB :** tous les hommes sont conscients de cette condamnation pour la simple raison que la mort physique est là pour nous le rappeler toujours et aucun ne peut par lui-même dire ce qu'il adviendra de lui après la mort physique. Il est donc avantageux et sage pour tout homme d'accepter la *bonne nouvelle* annoncée par le Seigneur Jésus-Christ et ses envoyés. Car il est dit dans **Jean 3 :36** « *Celui qui croit au Fils a la vie éternelle; celui qui ne croit pas au Fils ne verra point la vie, mais la colère de Dieu demeure sur lui.* » Il s'agit donc de faire un choix la Bible est clair :

☐ Accepter la bonne nouvelle = la vie ;

☐ Rejeter la bonne nouvelle = l'enfer.

Le salut est une question de responsabilité individuelle. Une fois qu'un homme se trouve devant un envoyé du Seigneur Jésus-Christ qui lui annonce la bonne nouvelle, cet homme se trouve dans la même position qu'Adam dans le jardin d'Eden. C'est pourquoi la Bible nous parle de nouvelle naissance pour ceux qui acceptent la bonne nouvelle. Dieu nous donne l'opportunité de commencer une nouvelle vie avec lui, comme cela avait été donné à Adam au commencement. Voyons maintenant le processus du salut. Pour commencer cette nouvelle vie il faut renoncer à l'ancienne vie : c'est la repentance. Nous pouvons le lire dans deux passages qui nous montrent comment le Seigneur Jésus-Christ a commencé son Ministère : **Mathieu 4 : 17** « *Dès ce moment Jésus commença à prêcher, et à dire: Repentez-vous, car le royaume des cieux est proche.* »

et

Marc 1 : 14 – 15 : « *Après que Jean eut été livré, Jésus alla dans la Galilée, prêchant l'Evangile de Dieu. Il disait: Le temps est accompli, et le royaume de Dieu est proche. Repentez-vous, et croyez à la bonne nouvelle.*»

La deuxième étape consiste à croire la bonne nouvelle et y obéir c'est ce que le Seigneur nous dit à la fin de son Ministère dans **Marc 16 : 16** « *Celui qui croira et qui sera baptisé sera sauvé, mais celui qui ne croira pas sera condamné.* » Croire c'est accepter de tout son cœur ce que Dieu dit ; se baptiser c'est un acte d'obéissance et une déclaration publique de notre foi en Dieu.

Le couple croire et confesser est le fondement du salut, pour ceux qui sont repentis. Lisons les passages suivants :**2 Corinthiens 4 : 13 - 14** « *Et, comme nous avons le même esprit de foi qui est exprimé dans cette parole de l'Ecriture: J'ai cru, c'est pourquoi j'ai parlé! nous aussi nous croyons, et c'est pour cela que nous parlons, sachant que celui qui a ressuscité le Seigneur Jésus nous ressuscitera aussi avec Jésus, et nous fera paraître avec vous en sa présence.* » **Actes 2 : 37 – 41** « *Après avoir entendu ce discours, ils eurent le cœur vivement touché, et ils dirent à Pierre et aux autres apôtres: Hommes frères, que ferons-nous? Pierre leur dit: Repentez-vous, et que chacun de vous soit baptisé au nom de Jésus-Christ, pour le pardon de vos péchés; et vous recevrez le don* du Saint-Esprit. Car la promesse est pour vous, pour vos enfants, et pour tous ceux qui sont au loin, en aussi grand nombre que le Seigneur notre Dieu les appellera. Et, par plusieurs autres paroles, il les conjurait et les exhortait, disant: Sauvez-vous de cette génération perverse. Ceux qui acceptèrent sa parole furent baptisés; et, en ce jour-là, le nombre des disciples s'augmenta d'environ trois mille âmes.»

Nous remarquons que le salut intervient après :

☐ Une claire compréhension de notre incapacité de nous sauver ;

☐ Et notre engagement manifeste d'accepter le salut offert par Dieu : Jésus-Christ.

Nous devenons alors le temple où le culte peut se tenir   selon **Romain 12 : 1** *« Je vous exhorte donc, frères, par   les compassions de Dieu, à offrir vos corps comme un sacrifice vivant, saint, agréable à Dieu, ce qui sera de votre part un culte raisonnable. »*

C'est à partir de ce moment que peut être envisagé la croissance, l'édification du croyant : l'église de Dieu à l'image du Seigneur Jésus-Christ. Oui l'église de Dieu doit croître. Lisons **1Jean 2 :12 – 17** *« Je vous écris, petits-enfants, parce que vos péchés vous sont pardonnés à cause de son nom. Je vous écris, pères, parce que vous avez connu celui qui est dès le commencement. Je vous écris, jeunes gens, parce que vous avez vaincu le malin. Je vous ai écrit, petits-enfants, parce que vous avez connu le Père. Je vous ai écrit, pères, parce que vous avez connu celui qui est dès le commencement. Je vous ai écrit, jeunes gens, parce que vous êtes forts, et que la parole de Dieu demeure en vous, et que vous avez vaincu le malin.*

N'aimez point le monde, ni les choses qui sont dans le monde. Si quelqu'un aime le monde, l'amour du Père n'est point en lui; car tout ce qui est dans le monde, la convoitise de la chair, la convoitise des yeux, et l'orgueil de la vie, ne vient point du Père, mais vient du monde. Et le monde passe, et sa convoitise aussi; mais celui qui fait la volonté de Dieu demeure éternellement. »

Tite 2 :1 – 2 *«Pour toi, dis les choses qui sont conformes à la saine doctrine. Dis que les vieillards doivent être sobres, honnêtes, modérés, sains dans la foi, dans la charité, dans la patience. »*

Ces passages nous font remarquer que le Seigneur parle à quatre groupes de personnes ; ici Il nous indique en réalité les étapes de croissance du croyant :

1. Les petits enfants ;

2. Les jeunes gens ;

3. Les pères ;
4. Les vieillards.

Chaque étape a des caractéristiques mais nous voyons qu'à chacune d'elle la connaissance de Dieu (la parole) est importante. C'est pourquoi Dieu nous baptise du SaintEsprit, le principal enseignant de la parole. **Actes 2 : 38** « *Pierre leur dit: Repentez-vous, et que chacun de vous soit baptisé au nom de Jésus-Christ, pour le pardon de vos péchés; et vous recevrez le don du Saint-Esprit.*»

Le Saint-Esprit nous permet de discerner le vrai enseignement du faux ; la doctrine de Jésus-Christ de celles des hommes. La Bible nous dit qu'il y'a de faux docteurs et même des doctrines de démons (**Ephésiens 4 :14 ; 2 Pierre 2 : 1 ; Hébreux 13 :9 ; 1Timothée 4 :**

1) mais elle nous dit aussi qu'il y'a la SAINE DOCTRINE DE DIEU. L'enseignement de la saine doctrine permet une bonne croissance de l'église.

Il existe des éléments fondamentaux de la saine doctrine qui doivent être connus du débutant dans la foi. Lisons **Hébreux 5 : 11 à Hébreux 6 : 1 – 3** «*Nous avons beaucoup à dire là dessus, et des choses difficiles à expliquer, parce que vous êtes devenus lents à comprendre. Vous, en effet, qui depuis longtemps devriez être des maîtres, vous avez encore besoin qu'on vous enseigne les premiers rudiments des oracles de Dieu, vous en êtes venus à avoir besoin de lait et non d'une nourriture solide. Or, quiconque en est au lait n'a pas l'expérience de la parole de justice; car il est un enfant.*

Mais la nourriture solide est pour les hommes faits, pour ceux dont le jugement est exercé par l'usage à discerner ce qui est bien et ce qui est mal. C'est pourquoi, laissant les éléments de la parole de Christ, tendons à ce qui est parfait, sans poser de nouveau le fondement du renoncement aux œuvres mortes, de la foi en Dieu, de la doctrine des baptêmes, de l'imposition des mains, de la résurrection des morts, et du jugement éternel. C'est ce que nous ferons, si Dieu le permet »

Cette lecture nous donne de voir six éléments fondamentaux qui doivent être claire une fois pour toute pour le croyant :
1. Le renoncement aux œuvres mortes ;
2. La foi en Dieu ;
3. La doctrine des baptêmes
4. L'imposition des mains ;
5. La résurrection des morts ;

6. Le jugement éternel.

2 Timothée 2 :16 − 21 : « *Evite les discours vains et profanes ; car ceux qui les tiennent avanceront toujours plus dans l'impiété, et leur parole rongera comme la gangrène. De ce nombre sont Hyménée et Philète, qui se sont détournés de la vérité, disant que la résurrection est déjà arrivée, et qui renversent la foi de quelques-uns. Néanmoins, le solide fondement de Dieu reste debout, avec ces paroles qui lui servent de sceau : Le Seigneur connaît ceux qui lui appartiennent ; et : Quiconque prononce le nom du Seigneur, qu'il s'éloigne de l'iniquité. Dans une grande maison, il n'y a pas seulement des vases d'or et d'argent, mais il y en a aussi de bois et de terre ; les uns sont des vases d'honneur, et les autres sont d'un usage vil. Si donc quelqu'un se conserve pur, en s'abstenant de ces choses, il sera un vase d'honneur, sanctifié, utile à son maître, propre à toute bonne œuvre.* »

CHAPITRE 4 L'UNITE DE L'EGLISE : LE CORPS DE CHRIST

L'unité de l'église de Jésus-Christ ne dépend pas de ce que nous pouvons faire, elle est un fait accompli par Jésus-Christ que nous devons comprendre et recevoir par la foi afin de la vivre. Elle se situe à 2 niveaux selon la Bible, parole de Dieu :
1. L'unité de l'esprit : la nouvelle naissance ;
2. L'unité de la foi : la doctrine ou l'enseignement.

I. L'UNITE DE L'ESPRIT : LA NOUVELLE NAISSANCE

1. Le corps physique de Jésus-Christ comme lieu d'habitation de Dieu :
o C'est l'unité, le Modèle de base selon lequel tous les autres doivent être construits. **Mathieu 1 : 18 à 20** « Voici de quelle manière arriva la naissance de Jésus-Christ. Marie, sa mère, ayant été fiancée à Joseph, se trouva enceinte, par la vertu du Saint-Esprit, avant qu'ils eussent habité ensemble. Joseph, son époux, qui était un homme de bien et qui ne voulait pas la diffamer, se proposa de rompre secrètement avec elle. Comme il y pensait, voici, un ange du Seigneur lui apparut en songe, et dit : Joseph, fils de David, ne crains pas de prendre avec toi Marie, ta femme, car l'enfant qu'elle a conçu vient du Saint-Esprit ; » ; **Luc 1 :34 à 35** « Marie dit à l'ange : Comment cela se fera-t-il, puisque je ne connais point d'homme ? L'ange lui répondit : Le Saint-Esprit viendra sur toi, et la puissance du Très Haut te couvrira de son ombre. C'est pourquoi le saint enfant qui naîtra de toi sera appelé Fils de Dieu. » **2 Corinthiens 5 : 19** « Car Dieu était en Christ, réconciliant le monde avec lui-même, en n'imputant point aux hommes leurs offenses, et il a mis en nous la parole de la réconciliation. » Ainsi donc :
o Le corps physique du croyant semblable à celui de Jésus-Christ, devient l'habitation de Dieu par le Saint-Esprit. **Actes 2 : 34** « Car David n'est point monté au ciel, mais il dit lui-même : Le Seigneur a dit à mon Seigneur : Assieds-toi à ma droite, » ; **Jean 1 : 12 à 13** « Mais à tous ceux qui l'ont reçue, à ceux qui croient en son nom, elle a donné le pouvoir de devenir enfants de Dieu, lesquels sont nés, non du sang, ni de la volonté de la chair, ni de la volonté de l'homme, mais de Dieu.» ; **Ephésiens 4 : 6** « un seul Dieu et Père de tous, qui est au-dessus de tous, et parmi tous, et en tous. » ; **1Corinthiens 12 : 1 à 31** « Pour ce qui concerne les dons spirituels, je ne veux pas, frères, que vous soyez dans l'ignorance. Vous savez que, lorsque vous étiez païens, vous vous laissiez

entraîner vers les idoles muettes, selon que vous étiez conduits. C'est pourquoi je vous déclare que nul, s'il parle par l'Esprit de Dieu, ne dit : Jésus est anathème ! et que nul ne peut dire : Jésus est le Seigneur ! si ce n'est par le Saint-Esprit. Il y a diversité de dons, mais le même Esprit ; diversité de ministères, mais le même Seigneur ; diversité d'opérations, mais le même Dieu qui opère tout en tous. Or, à chacun la manifestation de l'Esprit est donnée pour l'utilité commune. En effet, à l'un est donnée par l'Esprit une parole de sagesse ; à un autre, une parole de connaissance, selon le même Esprit ; à un autre, la foi, par le même Esprit ; à un autre, le don des guérisons, par le même Esprit ; à un autre, le don d'opérer des miracles ; à un autre, la prophétie ; à un autre, le discernement des esprits ; à un autre, la diversité des langues ; à un autre, l'interprétation des langues. Un seul et même Esprit opère toutes ces choses, les distribuant à chacun en particulier comme il veut.

Car, comme le corps est un et a plusieurs membres, et comme tous les membres du corps, malgré leur nombre, ne forment qu'un seul corps, ainsi en est-il de Christ. Nous avons tous, en effet, été baptisés dans un seul Esprit, pour former un seul corps, soit Juifs, soit Grecs, soit esclaves, soit libres, et nous avons tous été abreuvés d'un seul Esprit. Ainsi le corps n'est pas un seul membre, mais il est formé de plusieurs membres. Si le pied disait : Parce que je ne suis pas une main, je ne suis pas du corps, ne serait-il pas du corps pour cela ? Et si l'oreille disait : Parce que je ne suis pas un œil, je ne suis pas du corps, ne serait-elle pas du corps pour cela ? Si tout le corps était œil, où serait l'ouïe ? S'il était tout ouïe, où serait l'odorat ? Maintenant Dieu a placé chacun des membres dans le corps comme il a voulu. Si tous étaient un seul membre, où serait le corps ? Maintenant donc il y a plusieurs membres, et un seul corps. L'œil ne peut pas dire à la main : Je n'ai pas besoin de toi ; ni la tête dire aux pieds : Je n'ai pas besoin de vous. Mais bien plutôt, les membres du corps qui paraissent être les plus faibles sont nécessaires ; et ceux que nous estimons être les moins honorables du corps, nous les entourons d'un plus grand honneur. Ainsi nos membres les moins honnêtes reçoivent le plus d'honneur, tandis que ceux qui sont honnêtes n'en ont pas besoin. Dieu a disposé le corps de manière à donner plus d'honneur à ce qui en manquait, afin qu'il n'y ait pas de division dans le corps, mais que les membres aient également soin les uns des autres. Et si un membre souffre, tous les membres souffrent avec lui ; si un membre est honoré, tous les membres se réjouissent avec lui.

Vous êtes le corps de Christ, et vous êtes ses membres, chacun pour sa part. Et Dieu a établi dans l'Eglise premièrement des apôtres, secondement des prophètes, troisièmement des docteurs, ensuite ceux qui ont le don des miracles, puis ceux qui ont les dons de guérir, de secourir, de gouverner, de parler diverses langues. Tous sont-ils apôtres ? Tous sontils prophètes? Tous sont-ils docteurs? Tous ont-ils le don des miracles ? Tous ont-ils le don des guérisons ? Tous parlent-ils en langues ? Tous interprètent-ils ? Aspirez aux dons les meilleurs. Et je vais encore vous montrer une voie par excellence. »

2. L'assemblée de Jésus-Christ et ses disciples, comme lieu de présence de Dieu. **Mathieu 18 : 20** « Car là où deux ou trois sont assemblés en mon nom, je suis au milieu d'eux. »
o Jésus-Christ avait des réunions particulières avec ses disciples en dehors du temple et des réunions publiques, au cours desquelles il leurs donnait des enseignements particuliers. **Mathieu 13 : 10 à 17** « Les disciples s'approchèrent, et lui dirent : Pourquoi leur parles-tu en paraboles ? Jésus leur répondit : Parce qu'il vous a été donné de connaître les mystères du royaume des cieux, et que cela ne leur a pas été donné. Car on donnera à celui qui a, et il sera dans l'abondance, mais à celui qui n'a pas on ôtera même ce qu'il a. C'est pourquoi je leur parle en paraboles, parce qu'en voyant ils ne voient point, et qu'en entendant ils n'entendent ni ne comprennent. Et pour eux s'accomplit cette prophétie d'Esaïe : Vous entendrez de vos oreilles, et vous ne comprendrez point ; Vous regarderez de vos yeux, et vous ne verrez point. Car le cœur de ce peuple est devenu insensible ; Ils ont endurci leurs oreilles, et ils ont fermé leurs yeux, De peur qu'ils ne voient de leurs yeux, qu'ils n'entendent de leurs oreilles, Qu'ils ne comprennent de leur cœur, Qu'ils ne se convertissent, et que je ne les guérisse. Mais heureux sont vos yeux, parce qu'ils voient, et vos oreilles, parce qu'elles entendent ! Je vous le dis en vérité, beaucoup de prophètes et de justes ont désiré voir ce que vous voyez, et ne l'ont pas vu, entendre ce que vous entendez, et ne l'ont pas entendu.»
o Les disciples après la résurrection de Jésus-Christ étaient assemblés dans un lieu autre que le temple pour attendre le baptême du Saint-Esprit qui est le pasteur de l'église. **Actes 1 : 1 à 4** « Théophile, j'ai parlé, dans mon premier livre, de tout ce que Jésus a commencé de faire et d'enseigner dès le commencement jusqu'au jour où il fut enlevé au ciel, après avoir donné ses ordres, par le Saint-Esprit, aux apôtres qu'il avait choisis. Après qu'il eut

souffert, il leur apparut vivant, et leur en donna plusieurs preuves, se montrant à eux pendant quarante jours,et parlant des choses qui concernent le royaume de Dieu. Comme il se trouvait avec eux, il leur recommanda de ne pas s'éloigner de Jérusalem, mais d'attendre ce que le Père avait promis, ce que je vous ai annoncé, leur dit-il ; »

o Les disciples qui ont reçu le Saint-Esprit, doivent avoir des réunions particulières pour leur édification. **1Corinthiens 14 : 22 à 25** « Par conséquent, les langues sont un signe, non pour les croyants, mais pour les non-croyants ; la prophétie, au contraire, est un signe, non pour les non-croyants, mais pour les croyants. Si donc, dans une assemblée de l'Eglise entière, tous parlent en langues, et qu'il survienne des hommes du peuple ou des non-croyants, ne diront-ils pas que vous êtes fous ? Mais si tous prophétisent, et qu'il survienne quelque non-croyant ou un homme du peuple, il est convaincu par tous, il est jugé par tous, les secrets de son cœur sont dévoilés, de telle sorte que, tombant sur sa face, il adorera Dieu, et publiera que Dieu est réellement au milieu de vous.» ; **Actes 1 : 12 à 14** « Alors ils retournèrent à Jérusalem, de la montagne appelée des oliviers, qui est près de Jérusalem, à la distance d'un chemin de sabbat. Quand ils furent arrivés, ils montèrent dans la chambre haute où ils se tenaient d'ordinaire ; c'étaient Pierre, Jean, Jacques, André, Philippe, Thomas, Barthélemy, Matthieu, Jacques, fils d'Alphée, Simon le Zélote, et Jude, fils de Jacques. Tous d'un commun accord persévéraient dans la prière, avec les femmes, et Marie, mère de Jésus, et avec les frères de Jésus. » ; **Actes 4 :32 à 37** « La multitude de ceux qui avaient cru n'était qu'un cœur et qu'une âme. Nul ne disait que ses biens lui appartinssent en propre, mais tout était commun entre eux. Les apôtres rendaient avec beaucoup de force témoignage de la résurrection du Seigneur Jésus. Et une grande grâce reposait sur eux tous. Car il n'y avait parmi eux aucun indigent : tous ceux qui possédaient des champs ou des maisons les vendaient, apportaient le prix de ce qu'ils avaient vendu, et le déposaient aux pieds des apôtres ; et l'on faisait des distributions à chacun selon qu'il en avait besoin. Joseph, surnommé par les apôtres Barnabas, ce qui signifie fils d'exhortation, Lévite, originaire de Chypre, vendit un champ qu'il possédait, apporta l'argent, et le déposa aux pieds des apôtres.» ; **Actes 5 : 12 à 16** « Beaucoup de miracles et de prodiges se faisaient au milieu du peuple par les mains des apôtres. Ils se tenaient tous ensemble au portique de Salomon, et aucun des autres n'osait se joindre à eux ; mais le peuple les louait hautement. Le nombre de ceux qui croyaient au Seigneur, hommes et femmes, s'augmentait de plus en plus ; en sorte qu'on apportait les malades dans les rues et qu'on les plaçait sur des lits et des couchettes, afin que, lorsque Pierre passerait, son ombre au moins couvrît quelqu'un d'eux. La multitude accourait aussi des villes voisines à Jérusalem, amenant des malades et des gens tourmentés par des esprits impurs ; et tous étaient guéris. » ; **Ephésiens 4 : 11 à 12** « Et il a donné les uns comme apôtres, les autres comme prophètes, les autres comme évangélistes, les autres comme pasteurs et docteurs, pour le perfectionnement des saints en vue de l'œuvre du ministère et de l'édification du corps de Christ, »

II. L'UNITE DE LA FOI : LA DOCTRINE OU L'ENSEIGNEMENT ET LA COMPREHENSION.

Ephésiens 4 : 11 à 15 « **Et il a donné les uns comme apôtres**, les autres comme prophètes, les autres comme évangélistes, les autres comme pasteurs et docteurs, **pour le perfectionnement des saints en vue de l'œuvre du ministère et de l'édification du corps de Christ, jusqu'à ce que nous soyons tous parvenus à l'unité de la foi et de la connaissance du Fils de Dieu, à l'état d'homme fait, à la mesure de la stature parfaite de Christ,** afin que nous ne soyons plus des enfants, flottants et emportés à tout vent de doctrine, par la tromperie des hommes, par leur ruse dans les moyens de séduction, mais que, professant la vérité dans la charité, **nous croissions à tous égards en celui qui est le chef, Christ.** » .

1. Le contenu de l'enseignement est la parole de Dieu c'est à dire **Jésus-Christ : le chemin, la vérité et la vie** . Nous savons tous qu'un chemin a :
O **Point de départ :** la repentance et le baptême avec le don du Saint-Esprit ;
O **Le corps du chemin :** l'église, corps de Christ ;
O **Point d'arrivée :** la vie éternelle avec Dieu.
La saine doctrine se reconnait par la prise en compte de ces trois points, comme ligne directrice. **2 Jean : 9 à 11** « Quiconque va plus loin et ne demeure pas dans la doctrine de Christ n'a point Dieu ; celui qui demeure dans cette doctrine a le Père et le Fils. Si quelqu'un vient à vous et n'apporte pas cette doctrine, ne le

recevez pas dans votre maison, et ne lui dites pas : Salut ! car celui qui lui dit : Salut ! Participe à ses mauvaises œuvres.» .

Tous ceux qui sont nés de Dieu, ont un héritage (système de pensées) qui doit être changé(remplacé) par la saine doctrine (système de pensées divin) **1 Pierre 2 : 1 à 2** « **Rejetant donc toute malice et toute ruse**, la dissimulation, l'envie, et toute médisance, **désirez,** comme des enfants nouveau-nés, **le lait spirituel et pur**, afin que par lui **vous croissiez pour le salut**, si vous avez **goûté que le Seigneur est bon.** »

La saine doctrine c'est la compréhension des écritures sous la direction du Saint-Esprit, coordinateur **Ephésiens 4 : 5 à 6** « **il y a un seul Seigneur, une seule foi, un seul baptême, un seul Dieu et Père de tous, qui est au-dessus de tous, et parmi tous, et en tous.** » et l'enseignant **Jean 14 : 26** « **Mais le consolateur, l'Esprit-Saint**, que le Père enverra en mon nom, **vous enseignera** toutes choses, **et vous rappellera tout ce que je vous ai dit.** » ; qui ne peut tordre ni falsifier les écritures.

Il nous montre Jésus-Christ et la fausse doctrine par les écritures **1Jean 4 :1 à 7** « Et nous écrivons ces choses, afin que notre joie soit parfaite. **La nouvelle que nous avons apprise de lui, et que nous vous annonçons, c'est que Dieu est lumière, et qu'il n'y a point en lui de ténèbres.** Si nous disons que nous sommes en communion avec lui, et que nous marchions dans les ténèbres, nous mentons, et nous ne pratiquons pas la vérité. **Mais si nous marchons dans la lumière, comme il est luimême dans la lumière, nous sommes mutuellement en communion**, et le sang de Jésus son Fils nous purifie de tout péché. »

2. Exemples pratiques d'unité de la foi : **Actes 15 : 1 à 29** «Quelques hommes, venus de la Judée, enseignaient les frères, en disant: Si vous n'êtescirconcis selon le rite de Moïse, vous ne pouvez être sauvés. Paul et Barnabas eurent avec eux un débat et une vive discussion ; et les frères décidèrent que Paul et Barnabas, et quelques-uns des leurs, monteraient à Jérusalem vers les apôtres et les anciens, pour traiter cette question. Après avoir été accompagnés par l'Eglise, ils poursuivirent leur route à travers la Phénicie et la Samarie, racontant la conversion des païens, et ils causèrent une grande joie à tous les frères. Arrivés à Jérusalem, ils furent reçus par l'Eglise, les apôtres et les anciens, et ils racontèrent tout ce que Dieu avait fait avec eux.

Alors quelques-uns du parti des pharisiens, qui avaient cru, se levèrent, en disant qu'il fallait circoncire les païens et exiger l'observation de la loi de Moïse. Les apôtres et les anciens se réunirent pour examiner cette affaire. Une grande discussion s'étant engagée, Pierre se leva, et leur dit : Hommes frères, vous savez que dès longtemps Dieu a fait un choix parmi vous, afin que, par ma bouche, les païens entendissent la parole de l'Evangile et qu'ils crussent. Et Dieu, qui connaît les cœurs, leur a rendu témoignage, en leur donnant le Saint-Esprit comme à nous ; il n'a fait aucune différence entre nous et eux, ayant purifié leurs cœurs par la foi. Maintenant donc, pourquoi tentez-vous Dieu, en mettant sur le cou des disciples un joug que ni nos pères ni nous n'avons pu porter ? Mais c'est par lagrâce du Seigneur Jésus que nous croyons être sauvés, de la même manière qu'eux. Toute l'assemblée garda le silence, et l'on écouta Barnabas et Paul, qui racontèrent tous les miracles et les prodiges que Dieu avait faits par eux au milieu des païens. Lorsqu'ils eurent cessé de parler, Jacques prit la parole, et dit : Hommes frères, écoutez-moi !

Simon a raconté comment Dieu a d'abord jeté les regards sur les nations pour choisir du milieu d'elles un peuple qui portât son nom. Et avec cela s'accordent les paroles des prophètes, selon qu'il est écrit: Après cela, je reviendrai, et je relèverai de sa chute la tente de David, J'en réparerai les ruines, et je la redresserai, Afin que le reste des hommes cherche le Seigneur, Ainsi que toutes les nations sur lesquelles mon nom est invoqué, Dit le Seigneur, qui fait ces choses, Et à qui elles sont connues de toute éternité. C'est pourquoi je suis d'avis qu'on ne crée pas des difficultés à ceux des païens qui se convertissent à Dieu, mais qu'on leur écrive de s'abstenir des souillures des idoles, de l'impudicité, des animaux étouffés et du sang. Car, depuis bien des générations, Moïse a dans chaque ville des gens qui le prêchent, puisqu'on le lit tous les jours de sabbat dans les synagogues. Alors il parut bon aux apôtres et aux anciens, et à toute l'Eglise, de choisir parmi eux et d'envoyer à Antioche, avec Paul et Barnabas, Jude appelé Barsabas et Silas, hommes considérés entre les frères. Ils les chargèrent d'une lettre ainsi conçue : Les apôtres, les anciens, et les frères, aux frères d'entre les païens, qui sont à Antioche, en Syrie, et en Cilicie, salut ! Ayant appris que quelques hommes partis de chez nous, et auxquels nous n'avions donné aucun ordre, vous ont troublés par leurs discours et ont ébranlé vos âmes, nous avons jugé à propos, après nous être réunistous ensemble, de choisir des délégués et de vous les envoyer avec nos bien-aimés Barnabas et Paul, ces hommes qui ont exposé leur vie pour le nom de notre Seigneur Jésus-Christ. Nous avons donc envoyé Jude et Silas, qui vous annonceront de leur bouche les mêmes choses. Car il a paru bon au Saint-Esprit et à nous de ne vous imposer d'autre charge que ce qui est nécessaire, savoir, de vous abstenir des viandes sacrifiées aux idoles, du sang, des animaux étouffés, et de l'impudicité, choses contre lesquelles vous vous trouverez bien de vous tenir en garde. Adieu. » ; **1 Corinthiens 3 : 1 à 15** « Pour moi, frères, ce n'est pas comme à des hommes spirituels que j'ai pu vous parler, mais comme à des hommes charnels, comme à des enfants en Christ. Je vous ai donné du lait, non de la nourriture solide, car vous ne pouviez pas la supporter ; et vous ne le pouvez pas même à présent, parce que vous êtes encore charnels. (3-3) En effet, puisqu'il y a parmi vous de la jalousie et des disputes, n'êtes-vous pas charnels, et ne marchezvous pas selon l'homme ? Quand l'un dit : Moi, je suis de Paul ! et un autre : Moi, d'Apollos ! n'êtesvous pas des hommes ? Qu'est-ce donc qu'Apollos, et qu'est-ce que Paul ? Des serviteurs, par le moyen desquels vous avez cru, selon que le Seigneur l'a donné à chacun.   J'ai planté, Apollos a arrosé, mais Dieu a fait croître, en sorte que ce n'est pas celui qui plante qui est quelque chose, ni celui qui arrose, mais Dieu qui fait croître. Celui qui plante et celui qui arrose sont égaux, et chacun recevra sa propre récompense selon son propre travail.   Car nous sommes ouvriers avec Dieu. Vous êtes le champ de Dieu, l'édifice de Dieu. Selon la grâce de Dieu qui m'a été donnée, j'ai posé le fondement comme un sage architecte, et un autre bâtit dessus. Mais que chacun prenne garde à la manière dont il bâtit dessus.   Car personne ne peut poser un autre fondement que celui qui a été posé, savoir JésusChrist Or, si quelqu'un bâtit sur ce fondement avec de l'or, de l'argent, des pierres précieuses, du bois, du foin, du chaume, l'œuvre de chacun sera manifestée ; car le jour la fera connaître, parce qu'elle se révèlera dans le feu, et le feu éprouvera ce qu'est l'œuvre de chacun. Si l'œuvre bâtie par quelqu'un sur le fondement subsiste, il recevra une récompense. Si l'œuvre de quelqu'un est consumée, il perdra sa récompense ; pour lui, il sera sauvé, mais comme au travers du feu » ; **1 Corinthiens 4 : 1 à 6** « Ainsi, qu'on nous regarde comme des serviteurs de Christ, et des dispensateurs des mystères de Dieu. Du reste, ce qu'on demande des dispensateurs, c'est que chacun soit trouvé fidèle. Pour moi, il m'importe fort peu d'être jugé par vous, ou par un tribunal humain. Je ne me juge pas non plus moi-même, car je ne me sens coupable de rien ; (4-4) mais ce n'est pas pour cela que je suis justifié. Celui qui me juge, c'est le Seigneur.   C'est pourquoi ne jugez de rien avant le temps, jusqu'à ce que vienne le Seigneur, qui mettra en lumière ce qui est caché dans les ténèbres, et qui manifestera les desseins des cœurs.

Alors chacun recevra de Dieu la louange qui lui sera due. C'est à cause de vous, frères, que j'ai fait de ces choses une application à ma personne et à celle d'Apollos, **afin que vous appreniez en nos personnes à ne pas aller au delà de ce qui est écrit**, et que nul de vous ne conçoive de l'orgueil en faveur de l'un contre l'autre.» ; **Galates 6 : 1 à 10** « Frères, si un homme vient à être surpris en quelque faute, vous qui êtes spirituels, redressez-le avec un esprit de douceur. Prends garde à toi-même, de peur que tu ne sois aussi tenté. Portez les fardeaux les uns des autres, et vous accomplirez ainsi la loi de Christ. Si quelqu'un pense être quelque chose, quoiqu'il ne soit rien, il s'abuse lui-même. Que chacun examine ses propres œuvres, et alors il aura sujet de se glorifier pour lui seul, et non par rapport à autrui ; car chacun portera son propre fardeau. Que celui à qui l'on enseigne la parole fasse part de tous ses biens à celui qui l'enseigne. Ne vous y trompez pas : on ne se moque pas de Dieu. Ce qu'un homme aura semé, il le moissonnera aussi. Celui qui sème pour sa chair moissonnera de la chair la corruption ; mais celui qui sème pour l'Esprit moissonnera de l'Esprit la vie éternelle. Ne nous lassons pas de faire le bien ; car nous moissonnerons au temps convenable, si nous ne nous relâchons pas. Ainsi donc, pendant que nous en avons l'occasion, pratiquons le bien envers tous, et surtout envers les frères en la foi.»

3. Le travail d'équipe : **Actes 20 : 1 à 6** « Lorsque le tumulte eut cessé, Paul réunit les disciples, et, après les avoir exhortés, prit congé d'eux, et partit pour aller en Macédoine. Il parcourut cette contrée, en adressant aux disciples de nombreuses exhortations.

Puis il se rendit en Grèce, où il séjourna trois mois. Il était sur le point de s'embarquer pour la Syrie, quand les Juifs lui dressèrent des embûches. Alors il se décida à reprendre la route de la Macédoine. Il avait pour l'accompagner jusqu'en Asie : Sopater de Bérée, fils de Pyrrhus, Aristarque et Second de Thessalonique, Gaïus de Derbe, Timothée, ainsi que Tychique et Trophime, originaires d'Asie. Ceux-ci prirent les devants, et nous attendirent à Troas. Pour nous, après les jours des pains sans levain, nous nous embarquâmes à Philippes, et, au bout de cinq jours, nous les rejoignîmes à Troas, où nous passâmes sept jours. » ; **Actes 20 : 17 à 27** «Cependant, de Milet Paul envoya chercher à Ephèse les anciens de l'Eglise. Lorsqu'ils furent arrivés vers lui, il leur dit : Vous savez de quelle manière, depuis le premier jour où je suis entré en Asie, je me suis sans cesse conduit avec vous, servant le Seigneur en toute humilité, avec larmes, et au milieu des épreuves que me suscitaient les embûches des Juifs.Vous savez que je n'ai rien caché de ce qui vous était utile, et que je n'ai pas craint de vous prêcher et de vous enseigner publiquement et dans les maisons, annonçant aux Juifs et aux Grecs la repentance envers Dieu et la foi en notre Seigneur Jésus-Christ. Et maintenant voici, lié par l'Esprit, je vais à Jérusalem, ne sachant pas ce qui m'y arrivera ; seulement, de ville en ville, l'Esprit-Saint m'avertit que des liens et des tribulations m'attendent. Mais je ne fais pour moi-même aucun cas de ma vie, comme si elle m'était précieuse, pourvu que j'accomplisse ma course avec joie, et le ministère que j'ai reçu du Seigneur Jésus, d'annoncer la bonne nouvelle de la grâce de Dieu. Et maintenant voici, je sais que vous ne verrez plus mon visage, vous tous au milieu desquels j'ai passé en prêchant le royaume de Dieu.

C'est pourquoi je vous déclare aujourd'hui que je suis pur du sang de vous tous, car je vous ai annoncé tout le conseil de Dieu, sans en rien cacher. »

Nous pouvons conclure ce partage avec la prière de l'apôtre Paul :

Éphésiens 1 : 15 à 23 « C'est pourquoi moi aussi, ayant entendu parler de votre foi au Seigneur Jésus et de votre charité pour tous les saints, je ne cesse de rendre grâces pour vous, faisant mention de vous dans mes prières, afin que le Dieu de notre Seigneur Jésus-Christ, le Père de gloire, vous donne un esprit de sagesse et de révélation, dans sa connaissance, et qu'il illumine les yeux de votre cœur, pour que vous sachiez quelle est l'espérance qui s'attache à son appel, quelle est la richesse de la gloire de son héritage qu'il réserve aux saints, et quelle est envers nous qui croyons l'infinie grandeur de sa puissance, se manifestant avec efficacité par la vertu de sa force. Il l'a déployée en Christ, en le ressuscitant des morts, et en le faisant asseoir à sa droite dans les lieux célestes, au dessus de toute domination, de toute autorité, de toute puissance, de toute dignité, et de tout nom qui se peut nommer, non seulement dans le siècle présent, mais encore dans le siècle à venir. Il a tout mis sous ses pieds, et il l'a donné pour chef suprême à l'Eglise, qui est son corps, la plénitude de celui qui remplit tout en tous.» **Éphésiens 3 : 15 à 21** « 14 ¶ A cause de cela, je fléchis les genoux devant le Père, duquel tire son nom toute famille dans les cieux et sur la terre, afin qu'il vous donne, selon la richesse de sa gloire, d'être puissamment fortifiés par son Esprit dans l'homme intérieur, en sorte que Christ habite dans vos cœurs par la foi ; afin qu'étant enracinés et fondés dans l'amour, vous puissiez comprendre avec tous les saints quelle est la largeur, la longueur, la profondeur et la hauteur, et connaître l'amour de Christ, qui surpasse toute connaissance, en sorte que vous soyez remplis jusqu'à toute la plénitude de Dieu. Or, à celui qui peut faire, par la puissance qui agit en nous, infiniment au delà de tout ce que nous demandons ou pensons, à lui soit la gloire dans l'Eglise et en Jésus-Christ, dans toutes les générations, aux siècles des siècles ! Amen !»

CHAPITRE 5 COMPRENDRE LA STRUCTURE DE LA BIBLE

Plusieurs faux prophètes sont actuellement dans le monde, conformément à la parole prophétique de Jésus-Christ. Jésus-Christ est le **seul vrai Prophète, Sauveur et Seigneur de l'humanité** dont la venue a été prophétisée par Dieu, le créateur de toute chose selon les saintes écritures dans la Bible.

Il est bon pour tout chercheur de Dieu, de recevoir la vérité de Dieu lui-même, afin de faire la part des choses. Existe-t-il un repère que Dieu a donné pour que tous ceux qui le cherchent, puissent avec certitude savoir qu'ils sont sur le bon chemin? La réponse est oui, pour la simple raison que chacun de nous, quand il rentre chez lui, a des repères qui le rassurent qu'il est sur le bon chemin. Cela se vérifie même chez les enfants. Ainsi en est-il pour tous ceux qui veulent aller chez leur : père le Dieu créateur de la terre et des cieux. **Ceux-là reconnaissent la parole de Dieu qui a tout créé**.

Dieu a donc mis sa parole par écrit dans la Bible pour ses enfants. Satan, l'ennemi de notre âme, fait tous ses efforts pour discréditer cette parole. Son but en cela est d'empêcher les hommes de s'affranchir de sa domination, acquise par la ruse depuis le jardin d'Eden.

Cette ruse avait consisté à expliquer la parole que Dieu avait donnée à l'homme, de manière à le détourner de l'observation de cette parole, du même coup de Dieu. C'est la même ruse qui se poursuit avec la multiplication des « prophètes » et « hommes de

Dieu » expliquant la Bible parole de Dieu, de manière à maintenir les hommes sous le contrôle satanique. Pour échapper à ce mensonge il est important de comprendre la structuration et l'orientation de la parole de Dieu : la Bible.

La Bible parole de Dieu comprend deux grandes parties appelées **Ancien Testament** et **Nouveau Testament.**

L'objectif final des deux testaments est celui de montrer le chemin du salut de Dieu à l'homme. Comment les deux testaments sont-ils reliés ?

L'ancien testament **annonce** le nouveau testament. Le nouveau testament **explique et, il est l'accomplissement** de l'ancien testament. Ainsi donc l'un permet de vérifier l'autre en rapport av ec la première prophétie de Dieu concernant le prophète Sauveur : Jésus-Christ et le Salut de Dieu.
Ce qui est écrit dans l'Ancien Testament est la maquette de ce qui est écrit dans le Nouveau Testament, et qui est d'actualité pour le salut. **Galates 3:24 à 25** « Ainsi la loi a été comme un pédagogue pour nous conduire à Christ, afin que nous fussions justifiés par la foi. La foi étant venue, nous ne sommes plus sous ce pédagogue. »

Voici ce sur quoi l'on doit se fonder pour comprendre et enseigner la parole de Dieu par l'esprit de Dieu. Tous les vrais disciples de Jésus-Christ ont reçu son esprit et conçoivent les choses ainsi. **Actes 2 :38** « Pierre leur dit : Repentez-vous, et que chacun de vous soit baptisé au nom de Jésus-Christ, pour le pardon de vos péchés ; **et vous recevrez le don du Saint-Esprit.** » **1 Corinthiens 14:32** « Les esprits des prophètes sont soumis aux prophètes ; »
L'enseignement des apôtres, après la pentecôte et dans lequel les disciples persévéraient, était fondé sur cette compréhension. Cet enseignement dans, **Actes 2 :14 à 41**, à consister à annoncer comment Dieu depuis le commencement a préparé la venue du Sauveur, rendu témoignage à son ministère puis exécuter le salut par sa mort et sa résurrection. C'est ce que le disciple Etienne a également fait dans **Actes 7 :2 à 56**

Un prophète de Dieu se reconnait par cette orientation de sa prophétie et de son enseignement. Les miracles qui suivent cette prophétie et cet enseignement, sont authentiques et sont approuvés par Dieu.

I. L'ANCIEN TESTAMENT OU L'ANCIENNE ALLIANCE.

Elle raconte :

1. La création de l'univers et l'origine de l'homme ;
2. La désobéissance de l'homme à la parole de Dieu au profit de la parole de satan et la promesse faite par Dieu de racheter l'homme par la venue de la postérité de la femme ;
3. La corruption de l'humanité par les anges qui ont eu des enfants avec les filles des hommes ;
4. La naissance des différentes langues humaines et la dispersion des hommes sur toute la surface de la terre ;
5. L'alliance de Dieu avec un homme et sa famille : Abram dont sont descendants deux peuples (les juifs : Isaac et les arabes : Ismaël) ;
6. La captivité des descendants des juifs en Egypte et leur sortie de cette captivité ;
7. Les dix commandements écrits sur deux tablettes par Dieu et reçus par Moïse, puis d'autres lois édictées par Dieu et écrites par Moïse. Tous ces écrits règlementent la vie sociale du peuple juif ainsi que le culte à Dieu.
8. Les écrits des différents prophètes qui ont été suscités par Dieu pour rappeler le peuple à l'obéissance de la parole de Dieu :(Jésus-Christ) dont la matérialisation (incarnation) avait été annoncée par Dieu lui-même à l'occasion de la désobéissance du premier homme : Adam.

Ainsi tout l'ancien testament consiste à annoncer et préparer la venue de Jésus-Christ (la parole de Dieu faite chair pour accomplir la volonté de Dieu = obéir à sa parole jusqu'à la mort (le prix du péché originel = désobéissance à la parole de Dieu).

Par cette mort Jésus-Christ satisfait le premier jugement prononcé par Dieu le Juste Juge contre l'homme.

Quand Dieu a fait la promesse, elle était pour la descendance d'Adam le premier homme de qui sont descendus tous les hommes. Un homme et sa famille (les juifs) ont été choisis pour l'accomplissement de cette promesse cependant elle (la promesse) a été faite à toute l'humanité au travers du jugement de Dieu soumettant tous les hommes à la mort. C'est pourquoi Dieu a ressuscité Jésus-Christ de la mort afin de donner la preuve à tous les hommes que tous ceux qui acceptent Jésus-Christ comme ayant subi la mort à leur place, ceux-là vont recevoir la vie de Dieu commençant par leur esprit (compréhension de la parole de Dieu : la Bible) pour se terminer par la résurrection de leur corps à l'image du corps incorruptible de Jésus-Christ. Cette parole est certaine exactement comme celle qui a annoncé la mort à Adam en cas de désobéissance et qui s'est manifestée par la mort de son esprit avant de toucher son corps physique longtemps après. Avis donc à ceux qui disent que Jésus-Christ a été envoyé seulement aux juifs.

En résumé que pouvons-nous retenir de l'ancien testament ? C'est l'impossibilité à l'homme, tiré de la poussière, d'obéir à la parole (vie) de Dieu puisque le premier couple bien qu'ayant été directement créé par Dieu lui-même, a désobéit face à Satan le tentateur. A combien plus forte raison les descendants naturels de ce couple seront-ils victimes des faux enseignements de Satan le Rebel qui a été chassé du ciel.

II. LE NOUVEAU TESTAMENT OU LA NOUVELLE ALLIANCE

Il raconte :

1. Dans les **quatre évangiles (Mathieu, Marc, Luc et Jean)** :

O La naissance et la mission de Jésus-Christ : accomplir le salut de l'humanité par sa vie ;

O La relation de Jésus-Christ avec Adam le premier homme, pour établir la véracité de la promesse de salut faite à l'occasion de la désobéissance ;

O La relation de Jésus-Christ et la parole de Dieu

par laquelle toute chose a été créée ;

O Toute la vie et l'enseignement de Jésus-Christ étaient centrés sur le fait de convaincre les juifs premièrement (en tant que héritier de l'écriture) et le monde entier ensuite, que Jésus-Christ était la postérité de la femme qui a été promise pour libérer l'humanité du joug de satan ;

O L'annonce d'un temps de grâce à toute l'humanité pour écouter cette bonne nouvelle et l'accepter ou la rejeter ; ce qui scellera en même temps son sort pour l'éternité ;

O L'annonce, par Jésus-Christ, de la venue du Saint-Esprit pour habiter dans l'esprit de chacun de ces disciples afin de leurs permettre d'obéir à la parole de Dieu **(sans l'esprit de Dieu aucun homme ne peut obéir à la parole de Dieu et lui être agréable)**

2. Dans le livre des **Actes des apôtres** :

O La vie ainsi que les actes des apôtres et des disciples, ayant reçu **l'esprit de Dieu**, conformément aux recommandations de Jésus-Christ ;

3. Dans les épitres :

O **Les enseignements des apôtres** pour affermir les disciples (par les dons du Saint-Esprit) dans la pratique de la parole de Dieu selon la volonté de Dieu **pour leur salut** qui sera manifesté à leur mort ou au retour de Jésus-Christ;

4. Dans **le livre de la Révélation, l'Apocalypse** :

O L'annonce des choses à venir à l'église afin de lui permettre de se préparer à son enlèvement. Dieu a annoncé, dès la désobéissance de l'homme, l'incarnation de sa parole dans le sein d'une femme vierge. Ainsi sa parole a pris la forme d'un embryon humain dans le ventre d'une vierge (Marie) pour se développer et naitre avec une chair semblable à celle de l'homme mais ayant une nature incorruptible. Il a reçu l'esprit de Dieu puis a été tenté, sans succès par Satan pour désobéir à la parole de Dieu. Jésus-Christ est le point de départ de la création d'une nouvelle race humaine appelée à vivre dans la nouvelle création promise par Dieu suite à la corruption de la première issue d'Adam. Pour cela, une nouvelle alliance était nécessaire. L'accès à cette nouvelle race est conditionné par l'acceptation du sacrifice de Jésus-Christ dont le sang versé à la croix, a le pouvoir de purifier tout péché.

Voici l'alliance que tout homme doit personnellement et volontairement faire avec Dieu. Etant dans le corps corruptible et de péché, celui qui a accédé à cette nouvelle race par la naissance de son esprit, devient capable d'obéir à la parole de Dieu même au prix de sa vie sans violence à l'exemple de son Maître Jésus-Christ.

Et si pendant sa vie il lui arrive de pécher, du fait de la faiblesse de son corps, il s'humilie devant Dieu pour demander pardon et rappeler à Dieu sa confiance au pouvoir purificateur du sang de Jésus-Christ.

Nous devons marcher selon la logique de Dieu contenue dans la Bible, pour lui plaire et être sauvé.

La LOGIQUE de Dieu c'est l'accomplissement de sa volonté. Dieu a tout fait par sa parole et toute la création obéit à sa parole. Sa logique veut que toute chose soit faite conformément à sa parole. C'est pourquoi Dieu a mis sa parole par écrit pour l'homme dans la Bible. **Tout ce qui concerne le salut de l'homme est écrit dans la Bible.** Nous ne devons pas chercher une réponse aux questions de notre salut hors de la Bible. **Apocalypse 22 : 18 à 21** « Je le déclare à **quiconque entend les paroles de la prophétie de ce livre** : **Si quelqu'un y ajoute quelque chose**, Dieu le frappera des fléaux décrits dans ce livre ; et **si quelqu'un retranche quelque chose des paroles du livre de cette prophétie**, Dieu retranchera sa part de l'arbre de la vie et de la ville sainte, décrits dans ce livre. Celui qui atteste ces choses dit : Oui, je viens bientôt. Amen ! Viens, Seigneur Jésus ! Que la grâcedu Seigneur Jésus soit avec tous ! »

Ainsi nous voyons clairement que Dieu recommande de ne rien ajouter ni retrancher de ce qui est écrit dans le livre qui est la Bible. On entend souvent certaines personnes dire que la Bible ne dit pas tout et que tout ce que Jésus-Christ a fait n'est pas écrit dans la Bible. Ce genre de propos est inspiré par Satan pour détourner les gens de l'essentiel : le salut. Il faut savoir avec certitude que tout ce qui concerne notre salut est écrit dans la Bible.

C'est pourquoi la Bible dit : **Jean 20:30 à 31** « Jésus a fait encore, en présence de ses disciples, beaucoup d'autres miracles, qui ne sont pas écrits dans ce livre. **Mais ces choses ont été écrites afin que vous croyiez que Jésus est le Christ, le Fils de Dieu, et qu'en croyant vous ayez la vie en son nom.** »

Un prophète de Dieu se contente de dire la parole de Dieu en rapport avec le salut de l'homme selon la première prophétie faite par Dieu lui-même à savoir la venue du Sauveur issue de la postérité de la femme.

Ainsi tous les vrais prophètes venus avant Jésus-Christ, l'ont fait ; Jésus-Christ lui-même s'est annoncé comme celui qui devait venir avec l'Esprit de Dieu pour accomplir le salut de l'humanité. Ensuite il a annoncé la venue du Saint-Esprit pour demeurer dans chaque personne qui le reconnait, afin de faire d'elle (cette personne) un prophète qui annonce Jésus-Christ le Sauveur. Tout prophète qui n'annonce pas Jésus-Christ comme Sauveur, n'est tout simplement pas un prophète du Dieu créateur des cieux et de la terre.

III. BUT DE LA BIBLE: LE SALUT DE L'HOMME

2 Timothée 3:16 « Toute Ecriture est inspirée de Dieu, et utile pour enseigner, pour convaincre, pour corriger, **pour instruire dans la justice,** » Voici le but de la Bible, amener tout homme à accepter la justice de Dieu manifestée en Jésus-Christ. Ainsi :

L'Ancien Testament : Montre l'incapacité de l'homme d'obéir à la parole de Dieu et satisfaire à sa justice et ainsi le préparer à accepter le salut gratuit acquis à la croix par Jésus-Christ. Même si l'homme reçoit la parole de Dieu comme Adam l'avait reçue au commencement, il ne peut pas bien la comprendre et y obéir. Il faut l'intervention du Saint-Esprit.

Le Nouveau Testament : Montre que Dieu a satisfait à sa propre justice en formant un corps à sa parole qui, sous la conduite du Saint-Esprit, a pleinement obéi à la parole de Dieu, jusqu'à la mort. Il a ainsi ouvert la porte à tout homme de pouvoir recevoir l'Esprit de Dieu, en passant par la repentance et le baptême d'eau. Ce qui fait de chaque personne une habitation de Dieu en esprit.

La tendance actuelle de beaucoup d'hommes de Dieu c'est de montrer la puissance de Dieu par leur prédication et prière. C'est une grossière erreur qui ouvre largement la porte à Satan, qui va contrôler leur ministère. Nous devons être préoccupé à suivre le chemin tracé par la Bible à savoir l'ordre des deux testaments et la relation de leur contenu pour le salut de toute l'humanité. Ce salut a été manifesté en Jésus-Christ qui a dit: **Jean 14:6** « Jésus lui dit: **Je suis le chemin, la vérité, et la vie.** Nul ne vient au Père que par moi. »

1 Pierre 1:9 à 11 « parce que **vous obtiendrez le salut de vos âmes pour prix de votre foi. Les prophètes**, qui ont prophétisé touchant la grâce qui vous était réservée, **ont fait de ce salut l'objet de leurs investigations**, voulant sonder l'époque et les circonstances marquées par **l'Esprit de Christ** qui était en eux, et **qui attestait d'avance les souffrances de Christ** et la gloire dont elles seraient suivies. »

Sur le chemin qui est Jésus-Christ, nous devons tous courir pour remporter le salut de nos âmes comme prix de notre foi. **1 Corinthiens 9:24** « Ne savez-vous pas que ceux qui courent dans le stade courent tous, mais qu'un seul remporte le prix ? **Courez de manière à le remporter. »** Exactement comme dans les compétitions sportives, il y a une manière de courir (les règles et lois) applicable à tous pareillement ; la technique et la tactique des uns et des autres peuvent être diverses et variées, elles doivent cependant respecter les règles pour valider la victoire. Ce n'est pas à chacun de comprendre ou faire à sa manière. Il en est de même pour les prophètes : les prophéties, les enseignements et les miracles peuvent être divers et variés s'ils n'ont pas pour finalité le salut des âmes, ils ne seront pas approuvés de Dieu. Concernant le salut de l'âme, le Saint-Esprit est celui qui règle tout, et il ne se contredit pas. Le Père le Fils et le Saint-Esprit sont uns, ils ne se contredisent pas non plus. **Jean 14:6** « Jésus lui dit : **Je suis le chemin, la vérité, et la vie**. Nul ne vient au Père que par moi. »

Donc tous ceux qui veulent aller à Dieu le créateur des cieux et de la terre doivent suivre ce chemin selon les propos de Jésus-Christ.

Quel est donc ce chemin en pratique ? C'est **la parole (Dieu).** C'est pourquoi Dieu a donné à tout homme la capacité de parler. Que tout homme sache donc que chaque fois qu'il ouvre la bouche pour parler c'est Dieu qu'il est en train de servir dans le bon ou le mauvais sens.

Voici une raison pour laquelle tous les hommes des différentes religions croient suivre Dieu dans leurs pratiques religieuses. En effet la parole étant d'origine divine, la parole (les us, coutumes et traditions) de chaque peuple sont ses dieux (dieu de la terre, dieu du feu...). Il y'a donc plusieurs dieux sur la terre mais un seul Dieu créateur de la terre et des cieux dont laparole est au-dessus de toutes les autres. C'est pourquoi la Bible déclare : **Deutéronome 10:17** « **Car l'Eternel, votre Dieu, est le Dieu des dieux, le Seigneur des seigneurs**, le Dieu grand, fort et terrible, qui ne fait point acception des personnes et qui ne reçoit point de présent, »

Psaumes 136:3 « **Louez le Seigneur des seigneurs**, Car sa miséricorde dure à toujours ! »

1 Timothée 6:15 « que manifestera en son temps le bienheureux et **seul souverain, le roi des rois, et le Seigneur des seigneurs,** »

Apocalypse 17:14 « Ils combattront contre l'agneau, et l'agneau les vaincra, **parce qu'il est le Seigneur des seigneurs et le Roi des rois**, et les appelés, les élus et les fidèles qui sont avec lui les vaincront aussi. »

Esaï 55 :7 à 9 : « **Que le méchant abandonne** sa voie, Et l'homme d'iniquité **ses pensées** ; Qu'il retourne à l'Eternel, qui aura pitié de lui, A notre Dieu, qui ne se lasse pas de pardonner. **Car mes pensées ne sont pas vos pensées,** Et vos voies ne sont pas mes voies, **Dit l'Eternel.** Autant les cieux sont élevés au-dessus de la terre, Autant mes voies sont élevées au-dessus de vos voies, Et **mes pensées au-dessus de vos pensées. »**

L'homme a été tiré de la terre c'est pourquoi il retourne à la terre pour ce qui est de son corps physique. Mais son âme et son esprit qui sont de Dieu retournent à Dieu. Et là ils seront accueillis en fonction de quelle parole ils auront vécu sur la terre : celle de Dieu ou celle de Satan (cette dernière est devenue celle de l'homme depuis la chute) ?

Reconnaissons que nous sommes responsables des paroles que nous prononçons ; en effet personnes ne nous oblige à dire les paroles que nous prononçons.

C'est donc librement que nous parlons. Nous devons donc prendre conscience que nos paroles sont notre dieu qui nous jugera. C'est ce que déclare la Bible :

Matthieu 12:37 « **Car par tes paroles tu seras justifié, et par tes paroles tu seras condamné. »**

C'est par nos paroles que nous pouvons renoncer à nos paroles pour adopter la parole de Dieu et avoir la vie de Dieu. **Romains 10 : 6 à 11** « **Mais voici comment parle la justice qui vient de la foi** : Ne dis pas en ton cœur : Qui montera au ciel ? C'est en faire descendre Christ ; ou : Qui descendra dans l'abîme ? C'est faire remonter Christ d'entre les morts. **Que ditelle donc ? La parole est près de toi, dans ta bouche et dans ton cœur. Or, c'est la parole de la foi, que nous prêchons. Si tu confesses de ta bouche le Seigneur Jésus, et si tu crois dans ton cœur que Dieu l'a ressuscité des morts, tu seras sauvé.** Car c'est en croyant du cœur qu'on parvient à la justice, et **c'est en confessant de la bouche qu'on parvient au salut,** selon ce que **dit l'Ecriture**: Quiconque croit en lui ne sera point confus. »

Satan ayant été chassé du ciel et précipité sur la terre à cause de sa rébellion, il sera détruit ainsi que la terre. Alors il fait tous ses efforts pour retenir l'homme sur la terre par la connaissance (la parole) des choses de la terre. C'est pour cette raison qu'il a au commencement interprété la parole de Dieu à Adam et Eve afin d'ouvrir leurs yeux sur les choses spirituelles qui vont les attacher à la terre. Ainsi l'homme est devenu aveugle sur les choses spirituelles qui l'attachent au ciel.

Avis à ceux qui pensent être spirituels et se croient plus avancés et libres que les personnes religieuses. Sachez qu'il n'y a de liberté qu'en croyant et demeurant dans la parole de Dieu. **Jean 8 : 30 à 33**   « Comme Jésus parlait ainsi, plusieurs crurent en lui. **Et il dit aux Juifs qui avaient cru en lui** : **Si vous demeurez dans ma parole,** vous êtes vraiment mes disciples ; **vous connaîtrez la vérité, et la vérité vous affranchira. Ils lui répondirent : Nous sommes la postérité d'Abraham, et nous ne fûmes jamais esclaves de personne ; comment dis-tu : Vous deviendrez libres** ? »

Voici un témoignage de personnes juives qui ont cru en Jésus, cependant elles veulent servir Dieu selon la tradition de leur père terrestre Abraham. Nous savons tous qu'un chemin a un point de départ et un point d'arrivée, une direction et deux sens.

Toute la création sert le même Dieu mais dans quel **sens** du chemin, celui des choses de la terre ou celui des choses du ciel ? Suivant le sens où chacun se trouve, il est aveugle et insensé pour celui qui est dans le sens contraire. Voici la raison pour laquelle la guerre des religions ne peut pas finir. Seuls ceux dont les enseignements, les prophéties sont orientés dans le sens de la Bible, parole de Dieu (le salut de l'âme de l'homme), sont **dans la volonté de Dieu**. Le problème n'est pas le manque de volonté de servir Dieu, car nous sommes tous dans la parole de Dieu matérialisée par l'univers. Mais la question est : dans quel sens le servons-nous ? Car la Bible dit : **Hébreux 1:14** « **Ne sont-ils pas tous des esprits au service de Dieu**, envoyés pour exercer un ministère en faveur de ceux qui doivent hériter du salut ? » **Proverbes 16:4** « **L'Eternel a tout fait pour un but, Même le méchant pour le jour du malheur.** »

Le méchant dont il est question c'est satan, il l'est devenu par le fait de désobéir à la parole de Dieu en voulant prendre la place de Dieu au ciel. Ayant été chassé du ciel il a effectivement constaté qu'il était devenu comme Dieu dans son nouveau espace. Alors quand Dieu a créer l'homme Adam et lui a donné sa parole, satan sachant que tant que l'homme obéira à la parole de Dieu, il sera soumis à l'homme, il a tout fait pour amener l'homme à vouloir être comme Dieu. Pour y arriver il est venu à l'homme avec la parole que l'homme avait reçue de Dieu pour lui en donner la révélation de ce qu'elle cache. Ainsi donc satan est devenu le dieu de l'homme par sa parole et sa pensée.

Depuis lors l'homme apprécie les choses selon ce qui est bien ou mal et non selon ce qui donne la vie véritable de Dieu. **Matthieu 16:23** « Mais **Jésus**, se retournant, **dit à Pierre : Arrière de moi, Satan ! Tu m'es en scandale ; car tes pensées ne sont pas les pensées de Dieu, mais celles des hommes.** » **Marc 8:33** « Mais **Jésus**, se retournant et regardant ses disciples, **réprimanda Pierre, et dit : Arrière de moi, Satan** ! car tu ne conçois pas les choses de Dieu, **tu n'as que des pensées humaines**. » Pierre voulait faire une **bonne chose** (protéger la vie de Jésus) mais cela allait contre la volonté de Dieu qui était que Jésus donne sa vie physique pour sauver les hommes de la mort spirituelle. La majorité des hommes marche contre la volonté de Dieu en voulant le servir. Mais ceux qui sont envoyés de Dieu comme Jésus savent reconnaître la parole et la pensée de satan.

Dieu savait que satan allait arriver à séduire l'homme et il avait prévu l'incarnation de sa parole pour délivrer l'homme ; chose qu'Il a annoncé : **Genèse 3 : 14 à 15** « L'Eternel Dieu dit au serpent: Puisque tu as fait cela, tu seras maudit entre tout le bétail et entre tous les animaux des champs, tu marcheras sur ton ventre, et tu mangeras de la poussière tous les jours de ta vie. **Je mettrai inimitié entre toi et la femme, entre ta postérité et sa postérité : celle-ci t'écrasera la tête, et tu lui blesseras le talon**. » C'est un combat dont l'issue est l'anéantissement de satan : la tête écrasée. Il faut que les pensées sataniques soient écrasées dans la tête des hommes et cela n'est possible que par le fait de recevoir Jésus comme Sauveur et Seigneur.

Si Satan a pu détourner le premier homme Adam de la vérité par son mensonge (interprétation de la parole de Dieu), ce n'est pas la descendance d'Adam qui va échapper à ce mensonge.

Satan a en effet infiltré le milieu chrétien par beaucoup de faux enseignements : **Matthieu 24:11** « **Plusieurs faux prophètes s'élèveront, et ils séduiront beaucoup de gens**. » **1 Jean 4:1** « Bien-aimés, n'ajoutez pas foi à tout esprit ; **mais éprouvez les esprits, pour savoir s'ils sont de Dieu, car plusieurs faux prophètes sont venus dans le monde**. » **Philippiens 3 : 17 à 19** « **Soyez tous mes imitateurs**, frères, et portez les regards sur ceux qui marchent selon le modèle que vous avez en nous. **Car il en est plusieurs qui marchent en ennemis de la croix de Christ**, je vous en ai souvent parlé, et j'en parle maintenant encore en pleurant. **Leur fin sera la perdition ; ils ont pour dieu leur ventre**, ils mettent leur gloire dans ce qui fait leur honte, **ils ne pensent qu'aux choses de la terre.** » Oui il y a des gens qui aiment la vérité pour les choses de la terre ceux-là seront combattus par Dieu. **2 Thessaloniciens 2 : 8 à 10** « Et alors paraîtra l'impie, que le Seigneur Jésus détruira par le souffle de sa bouche, et qu'il anéantira par l'éclat de son avènement. **L'apparition de cet impie se fera, par la puissance de Satan**, avec toutes sortes de miracles, de signes et de prodiges mensongers, et avec toutes les séductions de l'iniquité **pour ceux qui périssent parce qu'ils n'ont pas reçu l'amour de la vérité pour être sauvés.** »

Nous devons savoir que **le désir et la volonté de Dieu** c'est que tous les hommes parlent sa parole : **Jésus-Christ : la seule parole de salut**.

Le point de départ de Jésus-Christ est le ciel c'est pourquoi la Bible dit : **Esaïe 55:11** « Ainsi en est-il de **ma parole**, qui sort de ma bouche : **Elle ne retourne point à moi sans effet**, Sans avoir exécuté ma volonté Et accompli mes desseins. »

Ainsi Jésus-Christ est venu sur la terre pour sauver les hommes et les ramener au ciel à son père.

Tout vrai prophète est reconnu par l'enseignement de cette parole, Jésus-Christ le Sauveur et seul Seigneur. Amen !

COMMENT EVITER LE PIEGE DE SATAN CONCERNANT LA PAROLE DE DIEU

O Savoir que le salut de notre âme est le principal motif de la venue de Jésus-Christ ;

O Ne pas s'éloigner de la parole de Dieu telle qu'elle est écrite dans la Bible ;

O Ne pas raisonner sur la parole de Dieu telle qu'elle est écrite ;

O Chercher à comprendre ce qui est écrit, concernant le salut de notre âme :

o Dans le Nouveau Testament, en vérifiant sa confirmation dans les autres livres du Nouveau Testament, ainsi que comment cela a été annoncé dans l'Ancien Testament ;

o Dans l'Ancien Testament, en vérifiant comment cela est accompli dans le Nouveau Testament ainsi que sa confirmation dans les autres livres de l'Ancien Testament ;

Que la gloire soit à Jésus-Christ notre Seigneur et Maître. Amen !

RÉSUMÉ DE L'ÉGLISE, L'ÉPOUSE FIDÈLE DE JÉSUS-CHRIST

Quand on parle de l'église, tout le monde voit le bâtiment où se réunissent les chrétiens pour leurs rituels religieux. Mais qu'est-ce que la Bible nous dit à propos de l'église ?

La démarche ici consiste à comprendre et faire comprendre l'église, selon qu'elle est présentée dans les écritures de la Bible ; tout en relevant l'importance de la Bible comme étant la parole du Dieu créateur de toute chose. Ainsi donc elle doit être observée et mise en pratique selon Dieu. C'est la raison pour laquelle Dieu a pris soin afin que chaque croyant en son fils Jésus-Christ, reçoive son Saint-Esprit-Esprit comme son enseignant et son conducteur dans sa nouvelle vie qui est celle de Dieu. Et c'est cette vie que Jésus-Christ a démontré pendant son séjour terrestre, étant habité par le Saint-Esprit. Raison pour laquelle l'église est appelée « Corps de Christ ». Les croyants en Jésus-Christ, doivent comprendre que l'église c'est d'abord le fait que l'esprit de Dieu habite en eux selon le modèle de Jésus-Christ. Cette compréhension de la présence permanente de Dieu en eux, améliorerait la vie des croyants et de leur communauté ; et ferait mieux connaître le Dieu créateur de toute chose, qui n'habite pas des maisons faites de mains d'hommes. Amen!

TABLE DES MATIÈRES

Printed by Books on Demand GmbH, Norderstedt / Germany